초등
글쓰기 습관
60일의 기적

초등 글쓰기 습관 60일의 기적

초판 발행 2021년 8월 16일

지은이 김선호 **펴낸이** 이성용 **책임편집** 박의성 **책디자인** 책돼지

펴낸곳 빈티지하우스 **주소** 서울시 마포구 성산로 154 407호(성산동, 충영빌딩)

전화 02-355-2696 **팩스** 02-6442-2696 **이메일** vintagehouse_book@naver.com

등록 제 2017-000161호 (2017년 6월 15일) **ISBN** 979-11-89249-56-4 03370

초등 글쓰기 습관 60일의 기적

김선호 지음

빈티지하우스
VINTAGE HOUSE

눈에 보이지 않는 글쓰기 격차가
학습 격차로 이어진다

초등학교 6학년 정도가 되면 부모님은 물론 아이들도 공부에 대한 고민을 심각하게 하기 시작합니다. 학습에 대한 염려가 시작되는 것이지요.

'다른 친구들은 중학교 문제집을 푸는데, 나는 아직도 6학년 문제집을 풀고 있어도 괜찮은 걸까?'

'다른 집 아이들은 고등학교 영어 단어까지 외운다던데, 우리 아이는 아직 초등학교 영어 단어도 잘 모르고 있으니 괜찮은 걸까?'

6학년 정도 되면 아이들의 학습 격차는 실제로 꽤 커집니다. 특히 수학이나 영어는 보통 4~5년 정도의 격차까지 생깁니다. 어떤 아이는 초등학교 4학년 수준의 학업성취도를 보이고, 어떤 아이는 중학교 2학년 정도의 학업성취도를 보입니다. 그런 이유로 많은 부모님들이 아이의 사교육 혹은 선행학습에 관심을 갖습니다. 뒤처진다는 불안감 때문입니다. 그런데 학습 격차는 양호한 겁니다. 더 심각한 격차가 생기는 것이 있습니다. 바로 아이들의 글쓰기 수준입니다.

학교에서는 아이들의 글쓰기를 따로 평가하지 않습니다. 시험과목에 별도로 '작문'이 배정되어 있지도 않지요. 따라서 글쓰기 수준의 격차가 어느 정도인지를 객관적인 데이터로 알아보기가 어렵습니다. 수학, 영어처럼 점수가 바로 나오는 것들은 차이를 명확히 알고 분석할 수 있지만, 글쓰기는 표준화된 시험도 없기 때문입니다. 국어 시간에 짤막한 글을 쓰는 몇 번의 수행평가가 전부입니다. 그래서 글쓰기 격차에 대해 심각하게 생각하지 않고, 글쓰기 격차를 대비할 생각도 하지 못합니다. 그나마 초등학교에서 정기적으로 운영했던 글짓기 대회도 점차 축소되고 있습니다. 과열 경쟁을 막는다는 이유로 말이지요. 글쓰기의 격차는 보이지 않는, '숨어버린' 격차가 되었습니다.

숨어버린 글쓰기 격차가 별 문제가 되지 않을까요? 사실은 그렇지 않습니다. 눈에 보이지 않는 글쓰기 격차가 학업성취도의 격차로 이어지기 때문입니다. 글쓰기의 중요성은 학년이 올라갈수록 커져갑니다. 부모님들이 학교를 다닐 때와 달리 지금은 객관식 시험이 점점 사라지고 있기 때문이죠. 대부분의 초등학교에서도 객관식 시험 대신 서술형 수행평가를 하고 있습니다. 중학교, 고등학교도 점차 서술형 평가의 비중을 높이는 방향으로 가고 있습니다. 학습과 관련하여 가장 큰 고민인 대학교 입시에서도 자기소개서 작성과 논술시험은 합격과 불합격을 가르는 중요한 요소가 되고 있습니다.

이를 반영하듯 〈2022년 개정 교육과정을 위한 국민 참여 설문〉을 보면 국민 10명 중 5명이 서술·논술형 평가를 위해 읽기와 쓰기 교육을 확대해야 한다고 답하고 있습니다. 아마도 서술형 평가를 어려워하는 중학생, 고등학생 자녀를 둔 부모들의 의견이 반영되지 않았을까 합니다.

이처럼 부모들은 자녀들이 중학교, 고등학교에 진학하고 서술형 평가와 자기소개서 작성에 어려움을 겪는 모습을 보면서 글쓰기 격차에 대해 비로소 고민을 시작합니다. 하지만 글쓰기 격차는 초등학교 시절부터 시작되었고, 글쓰기 격차를 줄일 수 있는 시기 또한 초등 시절밖에 없다고 생각합니다.

글쓰기 격차는 초등학교 6학년을 기준으로 잘하는 아이와 못하는 아이가 기본적으로 약 6년 정도의 차이를 보입니다. 여기서 중요한 것은 최대가 아닌 최소 차이라는 점입니다. 수학을 아무리 못하는 아이라도 6학년이라면 3학년 수준의 수학 실력은 보입니다. 글쓰기는 다릅니다. 글쓰기를 못하는 6학년 아이의 글쓰기는 아직도 1학년 수준에 머무는 경우가 제법 많습니다. 글쓰기 주제를 주고 글쓰기를 시작해도 1시간이 넘도록 한 줄을 끝내지 못합니다. 이것이 초등학교 글쓰기 격차의 현주소입니다. 그런 아이들과 보통 수준의 글쓰기 능력을 가진 아이 사이의 격차는 기본적으로 6년이 되지요.

한편 글쓰기 능력이 탁월하다 싶을 정도로 잘 쓰는 아이도 있습니다. 초등학교 6학년이지만 고등학교 교과서에 나오는 수준의 어휘를 활용하여 글을 쓰는 아이들입니다. 최소 고등학교 2~3학년 교과서에 나오는 수준의 언어, 즉 수학능력평가시험에 나올만한 어휘로 글을 쓰는 아이들이지요. 만약 이 수준의 아이들과 초등학교 1학년 수준의 아이를 비교하면 글쓰기의 격차는 무려 12년 정도가 되는 것입니다. 이 정도의 격차는 중·고등학교 시절에 결코 줄일 수 없는 격차입니다. 오히려 문해력의 차이와 글쓰기 능력의 차이로 그 격차가 더 벌어질 뿐입니다.

왜 이런 결과를 보이는 걸까요? 글쓰기는 문제집 몇 권을 집중해서 푼다고 해결되는 문제가 아닙니다. 글쓰기 관련 사교육을 받는다고 단

기간에 해결되지도 않습니다. 글쓰기를 잘하기 위해서는 꾸준한 독서와 함께 지속적으로 글을 쓰는 행위가 쌓여야 하기 때문입니다. 또한 다양한 글쓰기 주제와 형식으로 자신의 생각을 펼칠 수 있는 기회가 제공되어야 합니다. 더 나아가 아이가 쓴 글에 대한 객관적인 피드백이 함께 병행되어야 합니다.

글쓰기를 잘하는 아이들은 필연적으로 뛰어난 문해력과 종합적인 사고 능력을 갖추게 됩니다. 그리고 긍정적인 피드백에 의해 높아진 글쓰기 자존감은 아이들 스스로 글쓰기를 즐기게 합니다. 결국 글쓰기가 좋은 습관으로 자리 잡게 됩니다.

"어떻게 하면 우리 아이가 글쓰기를 잘할 수 있을까요?"
"글쓰기 실력을 높이기 위해서 부모는 무엇을 해야 할까요?"

이 질문들의 해답을 찾기 위해 이 책을 준비했습니다. 보통 좋은 습관이 형성되려면 최소 60일의 시간이 필요하다고 합니다. 글쓰기 습관을 위한 60일간의 여정이 행복한 결말로 끝나기를 바라는 마음으로 아이들과 부모님들을 위한 실천적 제안들을 차곡차곡 담기 위해 노력했습니다.

글쓰기에 두려움이 없는 아이는 세상을 살아가는 데 무척 효율적인 무기를 가지고 있는 것과 같습니다. 아이들이 새로운 세상을 헤쳐나가기 위해 반드시 갖춰야 할 무기인 '글쓰기 능력'을 모든 아이들이 키워나갈 수 있기를 응원합니다.

글쓰기를 잘하는 아이들은 12년을 앞서 걸어갑니다. 그 여정에 우리 아이들과 부모님들이 함께하기를 바랍니다.

2021년 다락방 집필실에서
초등교육 전문가 **김선호**

차례

초등 글쓰기
STEP0

**서술형 평가의 시대,
기본은 '글쓰기'다**

'글쓰기'는 어떻게 가장 최신의 소통방식이 되었을까?

인간은 고양이와 달리 글을 쓸 일이 많다.

하야미네 가오루, 《문장교실》

작가라는 타이틀만으로 먹고 사는 사람을 우리는 '전업 작가'라고 부릅니다. 왜 우리는 많은 직업 중에 유달리 '작가'에게 '전업'이라는 표현을 쓸까요? '전업 회사원'이라는 말을 들어본 적이 있나요? '전업 의사', '전업 공무원', '전업 디자이너', '전업 농부', '전업 변호사', '전업 은행원', '전업 교사'… 모두 생소합니다. '전업'이라는 타이틀을 붙이는 건 '전업 작가'나 '전업 주부'뿐인 것 같습니다. 그렇다면 이 둘은 어떤 공통점이 있기에 '전업'이라는 표현을 붙일까요?

제가 어릴 적(초등학교를 국민학교라고 부르던 시절)에 '전업 작가'라는 표현은 '돈을 잘 못 버는 직업임에도 불구하고 온종일 글만 쓰는 사람'을 뜻했습니다. 물론 성공한 전업 작가도 있었지만, 전업 작가라고 하면 좋지 않은 시선으로 보았습니다. 여기서 좋지 않은 시선이란 '경제적으로 어렵겠다'라는 편견을 가진다는 것이지요.

심지어 어떤 아이가 작가가 되겠다고 하면 어른들이 말렸습니다. 금방이라도 굶어 죽을 수 있다는 식의 표현을 썼지요. 정말 글 쓰는 것에 미친 사람이 아니면 할 일이 못 된다는 그런 의미였습니다. '전업 주부'도 비슷합니다. 집에서 집안일만 하고 따로 수입이 없다는 의미를 내포하고 있습니다. 일은 많이 하지만 수입이 없을 때, 그 앞에 '전업'이라는 표현을 붙였던 겁니다.

하지만 지금은 상황이 다릅니다. 굳이 작가라는 타이틀이 없어도 '글쓰기'를 통해 수입을 얻을 수 있는 길은 많습니다. 많을 뿐 아니라 점점 늘어나고 있습니다. 많은 사람이 작가가 아니면서도 온종일 글을 쓰고 수입을 얻는 시대가 되었습니다. 회사에서 작성하는 온갖 서류, 보고서,

입학 및 취직을 위한 자기소개서뿐 아니라 스마트기기를 통해 많은 글을 실시간으로 주고받습니다. 만약 글쓰기가 구식의 소통방식처럼 생각된다면, 세상의 흐름에 역행하고 있다고 보아도 됩니다.

사진을 위주로 업로드하는 인스타그램에서 많은 팔로워를 통해 수입을 창출하는 사람들도, 업로드하는 사진뿐 아니라 그 사이사이를 채우는 한 줄의 문장을 쓰기 위해 많은 고민을 합니다. 짧은 문장 하나가 그들에게는 광고가 되고 수입으로 연결되기 때문입니다. 얼굴을 맞대고 거래를 하던 시절에는 '말'이 우선이었습니다. 하지만 비대면으로 많은 거래가 이루어지는 요즘, 잘 쓰여진 글을 통해 선택이 결정됩니다. 꼭 사업을 하는 사람이 아니라도, 평범한 직장인들도 중고 거래 앱을 통해 자신이 사용하던 물건을 올려놓고 소개 글을 작성합니다. 그 글을 통해 신뢰감을 얻고 거래가 이루어집니다.

수많은 거래가 인터넷을 통해 비대면으로 이루어지고, 그 거래의 중심에는 많은 글이 자리를 차지하고 있습니다. 사람들은 인터넷의 글을 읽고 소비를 결정합니다. 이런 현상은 우리 아이들이 성인이 되었을 때 더욱 가속화될 가능성이 있습니다. 이제 전업 작가가 아니어도 블로그, 밴드, 페이스북, 인스타그램 등을 통해 글을 써서 자신을 표현하고 그것으로 수입을 얻을 수 있습니다. 상황에 맞는 글들을 자유자재로 쓸 수 있다는 건, 아이의 미래에 다양한 기회가 펼쳐진다는 것과 같습니다.

결론적으로 이제 글쓰기는 필수입니다.

글쓰기를 수입과 연결 짓는 것이 아이에게는 너무 먼 이야기처럼 들리시나요? 그럼 좀 더 가까운 이야기를 해보겠습니다. 이제 초등학교에서는 중간고사, 기말고사라는 표현이 없어졌습니다. 일부 사립초등학교에서는 학부모의 요청으로 유지하고 있지만, 대부분의 공립초등학교에서 객관식 집필 시험이 사라졌습니다. 그렇다고 평가가 없는 것이 아닙니다. 수행평가를 합니다. 수행평가 방식 중 거의 절반 가까이는 서술형입니다. 즉, 짧지만 논리와 근거를 담아 표현하거나 창작과 상상 글쓰기가 필요합니다. 이러한 수행평가는 초등학생들만 해당되는 것이 아닙니다. 중·고등학생들도 수행평가를 봅니다.

글쓰기를 싫어하거나 익숙하지 않은 학생들에게 이제 초등학교 6년, 중·고등학교 6년은 힘든 시기가 되었습니다. 객관식 시험은 그나마 답을 고를 수라도 있습니다. 그리고 아리송한 것들을 찍을 수라도 있습니다. 하지만 서술형 문제는 다릅니다. 무엇을 어떻게 써야 할지 모르는 상황에서 일단 아무 말이라도 채워야 한다는 사실은 아이들에게 좌절감을 맛보게 합니다. 글쓰기에 대한 잦은 실패감은 학습 무기력을 가져옵니다. 학습된 무기력은 자기효용감을 낮추고 많은 부분에 자신감 없는 모습을 보이게 됩니다. 결국 자존감이 낮아지게 되지요.

그렇다고 지금 당장 글쓰기를 아주 잘해야 할 필요는 없습니다. 그건 불가능합니다. 오히려 그런 생각들이 글쓰기를 방해합니다. 초등 시기에는 일단 글을 쓰는 것이 귀찮지 않고 당연한 일로 인식하고 익숙하게 만드는 데 목적을 두면 됩니다. 그 정도만 해도 생각보다 놀라운 일들이 벌어집니다. 그런 과정을 거쳐야 자기도 모르는 사이에 글이 매끄러워지고 논리가 있으며 또 창의적인 글쓰기가 됩니다. 그냥 글을 잘 쓰는 방법은 없습니다.

글쓰기는 객관식 문제를 풀 듯이 요령이나 기술을 안다고 잘 써지는 그런 능력이 아닙니다. 일단 쓰기를 자주 많이 해야 합니다. 그렇게 자주, 많이 쓰기 위해서는 글을 쓰는 것이 귀찮지 않아야 하고 자연스러워야 합니다. 일상에서 글쓰기가 말하듯 익숙해지는 과정만 가도 초등 시기 글쓰기는 성공입니다. 진짜 필력은 그 이후부터 가꾸어나가면 됩니다.

〈중학생들의 작문 능력 실태 조사 연구(2017)〉를 발표한 김주환 안
동대 교수에 따르면, 당시 연구에 참여했던 중2 학생 189명의 평균 글쓰
기 점수는 49.53점에 불과했습니다. 보통 100점 만점에 평균 49점이라
면 낙제라고 보아야 하겠지요.

　일반적으로 학교에서 시험 평균 점수로 예측하는 것이 하나 더 있습
니다. 바로 학력 격차입니다. 평균이 높을수록 아이들 간의 학력 격차가
좁습니다. 당연한 일입니다. 평균이 높다는 것은 상위권 학생과 하위권
학생의 격차가 좁다는 의미이기 때문이지요. 평균이 높건 낮건 상위권
학생들은 늘 제자리에 있습니다. 그들은 보통 90점대 후반이지요.

　그럼에도 불구하고 평균 점수가 50점 미만이라는 사실은 글쓰기에
중간이 없다는 의미와 같습니다. 상위권 학생은 글쓰기를 매우 잘하고
있으나, 다른 학생들은 대부분 글쓰기 능력이 매우 낮다는 의미입니다.

　아이의 글쓰기 실력이 뛰어나다는 생각이 들지 않는다면, 생각보다
글쓰기를 어려워하고 있다고 보셔도 됩니다. 중간쯤은 되리라 예측을
하지 않는 것이 좋습니다. 다시 말씀드리지만, 우리 아이들은 글쓰기가
지금보다 더욱 요구되는 시대를 살아갈 것입니다. 당장은 잘 쓰지 못해
도 됩니다. 그러나 글쓰기가 익숙하게는 만들어야 합니다. 그 과정까지
만 가면 그 뒤로는 글 쓰는 횟수만큼 필력이 늘게 됩니다.

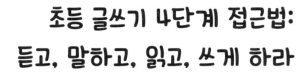

초등 글쓰기 4단계 접근법:
듣고, 말하고, 읽고, 쓰게 하라

글을 쓴다는 것은 우리의 일반적인 기대보다

훨씬 더 높은 수준의 사고력을 요구합니다.

언어를 배우는 마지막 단계가 쓰기인 것은 이유가 분명합니다.

이은경,《초등 매일 글쓰기의 힘》

초등 국어교육의 주요 내용은 다음 네 가지로 압축됩니다.

1. 듣기　2. 말하기　3. 읽기　4. 쓰기

네 가지 중에 가장 최종적인 위치에 있는 것은 바로 '쓰기'입니다. 그래서 '쓰기'는 국어교육의 '꽃'이라고 표현할 수 있습니다. 또는 국어교육의 '열매'라고 해도 과언이 아닙니다. '쓰기'에 탁월한 능력을 보이는 아이들은 '듣기', '말하기', '읽기'에 이미 높은 성취감을 가지고 있을 가능성이 매우 큽니다.

특히, '글'을 쓴다는 행위는 단순히 글자를 쓰는 것을 넘어 그 앞에 '듣기', '말하기', '읽기'가 이미 어느 정도 선행되어 있어야 가능합니다.

"철수가 글쓰기를 너무 못해요."
"영희가 글 쓰는 숙제만 있으면 스트레스를 받아요."

글쓰기를 어려워한다는 이유로 '논술학원'에 바로 보내는 것은 큰 의미가 없습니다. 아직 글을 쓸 준비가 안 된 상태에서 논술학원에 보내면 글쓰기 숙제를 하느라 매우 힘들어하게 됩니다. 결국 글쓰기를 아주 싫어하게 되거나 글쓰기는 특별한 재능이 있는 사람에게 해당하는 거라 생각하게 됩니다.

글쓰기를 배우기에 앞서 글쓰기에 선행되는 작업에 익숙해져야 합니다. 즉, 듣기, 말하기, 읽기에 먼저 능숙해져야 글쓰기를 잘할 수 있습니다. 따라서 듣기, 말하기, 읽기를 많이 할 수 있는 환경을 만들어주는 것이 먼저입니다.

듣기 능력을 키우는 가장 좋은 방법은 엄마가 읽어주는 동화책 이야기를 듣는 겁니다. 또는 다른 누군가가 들려주는 재미난 이야기를 듣는 겁니다. 이때는 가급적 듣기에 몰입할 수 있는 환경을 만들어주는 것이 좋습니다. 듣는다는 행위는 언어 인지력에 영향을 줍니다. 하지만 동영상을 통해 보여주는 이야기는 영상 입력이 우선입니다. 언어 인지력은 후순위로 밀립니다. 아예 아무것도 제공해주지 않는 것보다는 낫지만, 듣기의 효과를 극대화하는 건 엄마의 목소리로 직접 들려주는 겁니다.

이처럼 듣기가 일상이 되면, 자연스럽게 말하기 연습으로 연결됩니다. 아이의 질문을 통해 말하기 연습이 시작됩니다. 엄마가 들려주는 이야기 속에서 궁금한 것을 물어보는 것이 그 출발이 됩니다. 이때 엄마는 대답하고 아이는 추가로 물어보는 행위를 하게 됩니다. 또 상황에 따라서 엄마가 물어볼 수도 있습니다. 그러면 아이는 나름대로 말로 대답하려 애쓰게 됩니다. 결국 듣고 말하는 순서로 진행됩니다. 이렇게 듣고 말하는 과정에 익숙해진 후에 읽기의 단계에 들어갑니다.

책을 혼자 읽는다는 건 매우 어려운 일입니다. 지금이야 누구나 글을 읽을 수 있다고 생각하기 쉽지만, 불과 몇십 년 전만 해도 글을 제대로 읽지 못하는 사람을 쉽게 찾을 수 있었습니다. 역사적으로 봐도 글을 읽을 수 있다는 것은 일종의 특권이었습니다. 교육을 받을 수 있는 조건이 되어야만 글을 읽을 수 있었습니다.

이렇듯 글은 저절로 읽게 되는 것이 아닙니다. 글을 읽게 되고 혼자서 글의 내용을 파악하는 과정까지 가려면 상당 기간 교육을 받아야 하고 점검 기간을 거쳐야 합니다. 독서에 관련된 깊은 이야기는 《초등 독서 습관 60일의 기적》을 통해 다루겠습니다.

듣고 말하고 읽기에 어느 정도 익숙해지려면 적어도 초등 2학년 정도가 지나야 합니다. 초등 저학년 시기부터 글쓰기에 욕심을 내기보다 그때까지는 충분히 들려주고, 말할 기회를 주고, 많은 책을 읽는 데 집중하는 것이 좋습니다.

초등 저학년은 글쓰기가 아닌 글씨 쓰기 정도면 충분합니다. 또 이 시기에는 글씨 쓰기가 무척 중요합니다. 초등 중학년 이상이 되어 듣기, 말하기, 읽기가 어느 정도 충족되었음에도 불구하고 자신의 글씨가 마음에 들지 않거나 글자 쓰기에 익숙하지 않아 글쓰기를 피하는 아이들도 제법 되기 때문입니다. 머릿속에서 듣고, 읽고, 말하는 것이 빠른 속도로 진행되는데, 그 과정에서 표출되는 문장들을 손으로 써 내려가는 것이 서툴고 속도감이 떨어질 때 글을 쓰는 것에 흥미를 잃게 됩니다.

요즘에는 컴퓨터 자판을 통해 그나마 머릿속에 떠오른 문장들을 속도감 있게 적어 내려갑니다. 그러나 학교 교실 현장은 아직 공책과 연필이라는 필기도구를 사용합니다. 이러한 괴리감 때문에 연필로 글자를 적는 데 익숙하지 않은 학생은 글쓰기의 재능을 충분히 발휘하지 못하는 경우를 자주 보게 됩니다. 실제로 작문 관련 수행평가에서도 손글씨에 익숙하지 않기 때문에 문장들을 끝맺지 못해 낮은 점수를 받기도 합니다.

글쓰기는 보통 짧은 글부터 시작합니다. 그래서 그림일기로 시작을 하지요. 과정 자체는 맞습니다. 그런데 그 짧은 글부터 시작하는 것도 듣기, 말하기, 읽기의 충분한 선행과정이 진행된 뒤에 하는 것이 좋습니다.

글을 쓰는 것은 자신이 습득한 어휘들을 찾아 연결하는 과정입니다. 생각을 정리해서 그것을 언어를 통해 표현해야 하는데 기본 바탕인 어휘가 몇 개 안 될 때, 글쓰기는 당연히 어려워집니다.

빨간 벽돌밖에 없다면 빨간 벽돌집 말고 다른 집을 만들 수 없습니다. 글쓰기도 마찬가지입니다. 다양한 듣기, 말하기, 읽기를 통해 글을 쓸 기본 재료인 '어휘'를 충분히 충전하고 있어야 합니다. 그렇지 않고는 매일 같은 글만 쓰게 되거나 단순한 형태의 글만 반복하게 됩니다.

　대부분의 아이들이 좋은 글을 못 쓰는 이유는 글을 써보지 않아서가 아닙니다. 다양한 글을 쓸 만큼의 어휘력이 부족하기 때문입니다. 글쓰기교육에 앞서 반드시 선행되어야 할 요소들(듣기, 말하기, 읽기)을 통해 축적한 어휘들이 좋은 글의 토대가 됩니다.

　좋은 글이라는 열매를 얻기 위해서는 어휘라는 좋은 씨앗을 글 밭에 많이 뿌려놓는 작업을 소홀히 하지 않기를 바랍니다.

글쓰기를 아이들의 일상으로 끌어오는 3가지 방법

"생각나는대로 마구마구 적어보세요."

826 VALENCIA, 《창의력을 키우는 초등 글쓰기 좋은 질문 642》

몇 년 전만 해도 초등학생들이 책가방에 가지고 다니는 것이 있었습니다. 바로 '알림장'인데요. 내일 필요한 준비물, 이번 주에 해야 할 숙제 등을 선생님이 불러주면 받아 적는 작은 수첩입니다. 지금은 이런 알림장을 사용하지 않습니다. 대부분의 알림사항은 '학급 밴드' '학교클래스팅' 'e-알리미' 등을 통해 SNS로 바로 전달됩니다.

담임교사 입장에서는 종례 시간이 짧아졌습니다.

　"학급 밴드에 안내사항 있으니 꼭 살펴보고!"
　"질문 있으면 댓글 달아놓고!"

　알림장 공책이 없어지면서 그나마 잘 듣고 받아 적어야 하는 기회가 없어졌습니다. 스마트폰을 열고 찾아보면 됩니다. 하지만 글 쓰는 것은 일단 어떤 형태로든 자주 적어보아야 익숙해집니다.
　글을 쓰는 데 어려움이 있는 아이들을 보면 대부분 이렇게 말합니다.

　"선생님 글쓰기가 귀찮아요."

　무언가 쓰는 것에 익숙하지 않고, 그저 받아 적는 것도 힘들어하는 아이들에게 자신의 생각을 정리하고 펼쳐나가며 글을 쓴다는 건 무척 어려운 일입니다. 특히 요즘 교실에서는 칠판에 글을 쓰는 경우도 거의 없습니다. 대신 요약 정리된 프린트물을 나누어줍니다. 그러면 아이들은 그것을 보면 됩니다. 칠판에 선생님이 적어주시는 내용을 공책에 쓸 일이 없는 것이지요.

영어를 잘하기 위해서 영어를 쓰는 환경에 '노출'되어야 한다고 말합니다. 쓰기도 마찬가지입니다. 무언가 자주 적어보는 쓰기 환경에 '노출'되는 시간이 많아야 합니다. 안타깝게도 글을 써야 하는 순간부터 아이들은 이런 생각을 합니다.

'어떻게 해야 글을 잘 쓰지?'

글을 잘 써야 한다고 생각하기 때문에 글 쓰는 것이 어렵다고 느낍니다. 아직 글쓰기 자체에 익숙하지 않은 상황에서 글을 논리적으로 혹은 아주 상상력 있게 적어야 한다는 생각은 맞지 않습니다. 글쓰기는 일단 쓰기에 익숙해지는 것이 우선입니다. 그러자면 일단 뭔가 쓸 기회가 은연중에 자주 습관처럼 주어져야 합니다.

일상에서 글쓰기에 노출되는 몇 가지 좋은 방법이 있습니다.

작고 예쁜 다이어리를 사줍니다. 특히 여자아이에게 효과가 좋습니다. 다양한 스티커가 들어 있는 것이면 더욱 좋습니다. 초등 고학년(5~6학년) 여학생 중에 자기만의 다이어리를 가지고 다니는 아이들이 있습니다. 다이어리에 스티커도 붙이고, 일정도 적고, 생각나는 느낌이나 감정도 적습니다. 짧은 문장이나 단어들뿐 아니라 간단한 그림도 그려가며 다이어리를 꾸밉니다. 글쓰기에 익숙해지는 좋은 방법이 됩니다.

간혹 다이어리를 꾸미고 쓸 시간에 문제집을 풀거나 공부를 했으면 좋겠다는 생각에 탐탁지 않게 바라보는 부모님도 있습니다. 그런데 그렇게 자신만의 다이어리를 꾸미는 과정은 비단 글쓰기에 익숙해질 뿐 아니라 자신만의 생각과 느낌을 정리해나가는 유익한 시간입니다. 사춘기 아이에게 안정감을 줄 뿐 아니라, 나만의 고유한 시간과 공간을 다이어리를 통해 확보하는 역할도 해줍니다. 그 과정을 아이들이 충분히 누리게 하는 것이 심리적으로도 좋습니다. 특히 MBTI 성격유형 검사에서 마지막에 J(judging, 판단형)로 끝나는 학생들에게 이 방법은 큰 도움이 됩니다.

책을 읽고 나서 독후감을 쓰기 어려운 아이들에게 간단하면서 좋은 글쓰기 방법이 있습니다. 책 속에서 가장 마음에 드는 문장을 하나 골라서 포스트잇에 적게 합니다. 그리고 그 포스트잇을 책상에 붙여놓습니다. 한 문장을 옮겨 적는 것은 독후감을 쓰는 것보다 글 쓰는 양이 훨씬 적습니다. 하지만 습관이 되면, 아이들은 앞으로도 책을 읽을 때마다 마음에 드는 한 구절씩을 메모해놓게 됩니다.

책을 읽을 때마다 독후감을 쓰는 어른은 없습니다. 하지만 좋은 구절들에 밑줄을 긋고, 그중 몇 문장 정도를 메모하는 습관은 좋은 문장력을 갖추게 합니다. 또한 그 문장이 주는 의미를 통해 내적 성장을 하게 됩니다.

좋은 글을 읽는 것과 그 문장을 쓰는 것에는 큰 차이가 있습니다. 문장을 쓰면서 몇 번씩 되뇌고, 가슴에 새기게 됩니다. 쓰는 행위 자체만으로도 실제 실행으로 옮겨질 확률이 훨씬 높아집니다. 좋은 문장을 만나면 적어보는 과정, 아이들에게 글쓰기가 좋아지는 순간이 됩니다. 일단 내 마음에 드는 문장이기 때문에 거부감도 적습니다.

다음으로 가족 공동으로 메모하는 칠판이 있으면 좋습니다. 크지는 않아도 됩니다. 냉장고에 붙일 수 있는 크기면 충분합니다. 거실 공간에 가족들이 쉽게 적고 지울 수 있는 칠판이면 됩니다. 가족 간 전달사항을 적어놓는 공간입니다. 소통은 꼭 대화로만 할 필요는 없습니다. 서로 얼굴을 마주하기 바쁜 날도 많습니다.

물론 카톡이나 문자로 서로에게 글을 보내는 방법도 있습니다. 하지만 아이들에게는 구체적인 소통 장소를 정해주는 것이 더 효과가 좋습니다. 아이들에게는 소통도 흥미로운 체험이 되어야 하기 때문입니다.

공동 칠판에는 어떤 말이든, 그림이든 그릴 수 있게 해주면 됩니다. 그리고 엄마 아빠도 함께 사용하는 것이 좋습니다.

〈엄마는 오늘 회사에서 일이 무척 많음. 저녁에 돌아오면… 엄마한테
짜증 내지 않으면 좋겠음. 엄청 피곤할 예정.〉
〈아빠는 이번 주말에 캠핑 가고 싶은데… 같이 갈 사람!〉

아이들은 벽에 낙서를 하는 행위를 무척 좋아합니다. 글을 쓴다고 생각하지 않고 논다고 생각합니다. 몇 번씩 쓰고 지우기를 반복해도 지루해하지 않습니다. 글은 꼭 공책에만 쓸 필요는 없습니다. 거실 벽에 아이들이 마음껏 쓰고 지울 수 있는 공간을 만들어주고, 부모도 그 공간에서 무언가 말하듯 글을 적어보는 과정을 함께해주시기 바랍니다. 그러면 아이들이 글쓰기에 익숙해집니다. 그런 익숙함이 먼저입니다. 글을 꼭 잘 써야 할 필요는 없습니다. 일단 익숙해지면, 그 뒤에 글이 자연스러워지고, 잘 쓰는 과정으로 옮겨가게 됩니다.

글쓰기는 일단 먼저 쓰는 행위에 익숙한 환경을 만드는 것이 우선입니다.

좋은 글을 쓰는 데 글씨체가 중요할까?

"글을 잘 쓰는 데 글씨체가 어느 정도 영향을 미칠까요?"

'설마 글씨체가 글 내용에 영향을 줄까?' 이렇게 생각할 수 있습니다. 그런데 담임 교사 입장에서 10년 이상 아이들의 글쓰기를 지도한 결과를 놓고 볼 때, 글씨체 가 반듯하고 예쁜 아이들이 대체로 글 내용 또한 좋았습니다. 왜 그런지를 예상 해보았을 때 몇 가지 예측되는 것들이 있습니다.

글씨가 바른 아이들은 자신의 공책을 선생님에게 보이는 것에 거부감이 없습니 다. 하지만 저학년 때부터 자신의 글씨에 자신감이 없는 아이들은 자신의 글에도 자신감 없는 모습을 보입니다.

글씨체가 엉망이라면 선생님께 좋지 않은 피드백을 받을 거라 예상하고 자신이 쓴 글을 잘 발표하려 하지 않습니다. 그 과정이 반복되면 점점 더 글쓰기에 부정 적 영향을 줍니다. 글쓰기 실력이 늘게 되는 계기는 자신이 쓴 글에 대한 자신감 과 긍정적 피드백을 받는 순간입니다.

글씨를 바르게 쓰는 아이들은 이미 글자를 쓰는 것에 익숙해 있습니다. 자신의 생각을 글자로 옮기는 데 좀 더 수월해합니다. 그 수월함이 글을 쓰는 횟수와 기 회를 늘려주는 효과를 주고요. 결국 한 문장이라도 더 쓰게 되고, 그 과정이 초등

6년 동안 반복되면서 상당한 필력의 차이를 만들게 합니다.

적어도 아이 스스로 느끼기에 자신의 글씨체가 나름 반듯하고 깔끔하다는 인식이 될 정도는 되는 것이 좋습니다. 그렇지 않을 때는 삐뚤하고 못생긴 글자를 쓰는 행위 자체에 대해 무의식적 회피가 작용할 수 있습니다. 그 회피는 글을 쓰는 데도 부정적 영향을 줄 수 있습니다.

우리 아이 글쓰기 자신감을 늘리는 피드백 원칙

아이들이 글쓰기를 거부하는 3가지 이유

흔히 글쓰기도 방법을 배우면 할 수 있다고 생각하지만
그게 다는 아니다. 방법을 배우는 것만으로는 충분하지 않다.
몸으로 익히고 습관을 들여야 잘 쓸 수 있다.

유시민, 《유시민의 글쓰기 특강》

요즘에는 융합교육을 자주 합니다. 교과 간 영역을 넘나듭니다. 대표적으로 사회 시간에 역사적 사건을 두고 학생들끼리 다양한 각도에서 토론하게 합니다. 사회와 국어(토론)가 융합되는 것이죠. 또는 각자의 시각에서 역사적 사건에 대해 글로 표현하게 합니다. 말로 토론할 때, 글로 표현할 때, 둘 다 질문은 똑같습니다. 그런데 아이들의 반응은 너무도 차이가 납니다. 사례를 들어 말씀드리죠.

5학년 사회, 역사 관련 시간이었습니다. 조선이 건국되는 과정을 배우는 내용이었습니다. 아이들에게 질문을 던졌습니다.

"자, 지금까지 우리가 고려 시대 말기 상황을 배웠습니다. 현재 고려라는 나라를 유지한 채 사회 개혁을 해야 한다는 온건파와 이성계를 중심으로 나라를 바꿔야 한다는 급진파로 나뉜 상황입니다. 여러분들은 어떤 선택을 할 건가요?"

이렇게 질문을 던지고 각자의 의견을 발표하게 하고 왜 그런 선택을 했는지 논리적인 이유를 말하라고 하면 자연스럽게 토론이 이루어집니다. 이 질문에 대한 거부감이 없습니다. 그런데 똑같은 질문을 던지고 각자의 의견을 글로 쓰고 그 이유의 근거를 적으라고 하면 많은 아이들이 이렇게 말합니다.

"아유, 선생님!"

글로 쓰고 싶지 않다는 표현입니다. 토론하라고 할 때는 아무 거리낌도 없었지만, 글로 쓰라고 할 때는 하기 싫다고 거부하는 이유가 뭘까요?

첫째, 글은 잘 써야 한다고 생각하기 때문입니다. 아이들은 글쓰기 자체가 부담스럽습니다. 토론할 때 말하던 것을 조금 문체만 바꾸어서 적으면 되는데, 그 이상으로 아주 잘 써야 한다고 생각합니다. 그래서 쓰기 싫어합니다.

둘째, 일단 쓰는 행위는 속도감이 느립니다. 떠오르는 것을 말로 표현하는 것보다 쓰는 것 자체로 시간이 걸립니다. 그 느린 속도감에 답답해하는 아이들이 있습니다. 그렇게 천천히 적다 보면 앞서나간 생각을 잊어버리기도 합니다. 말하는 것보다 쓰는 것이 훨씬 더 부자연스럽고 답답합니다. 그래서 쓰기를 거부합니다.

셋째, 토론하라고 하면 몇몇 열심히 발표하는 아이들만 있어도 수업이 진행됩니다. 다른 아이들은 듣고만 있어도 됩니다. 그러면서 몇몇 아이들의 논쟁을 즐겁게 바라보고 감탄하기도 합니다. 그 자체로 역동적이고 즐겁습니다. 그런데 글로 표현하라고 하면 토론을 앞장서 하는 아이뿐 아니라 듣기를 즐겨 하는 아이들까지 모두 글쓰기를 해야 합니다. 그래서 글쓰기를 싫어합니다. 서로 논쟁을 주고받는 즐거움도 없고, 나

혼자 무언가를 적어야 합니다. 주어진 문제를 통해 내 속에 갈등을 만들고 선택하는 과정에 익숙하지 않은 아이들에게 글을 쓰라고 하는 건 전혀 즐겁지 않은 일이 됩니다.

결론은 이렇습니다. 우리 아이가 글쓰기를 싫어한다고 해서 이상한 게 아닙니다. 많은 아이가 글쓰기를 싫어합니다. 익숙하지 않습니다. 그래서 글쓰기교육이 필요하고 더불어 글쓰기 환경이 조성되어야 합니다.

글쓰기를 싫어한다고 해서 또는 글쓰기 실력이 낮다고 해서 자녀에게 핀잔을 주고 못마땅해하지 말아주시기 바랍니다. 초등학생들이 글쓰기를 싫어하는 것은 당연합니다.

반대로 생각하면 좋습니다.

'초등학생인데 글쓰기를 좋아하고 잘 쓰는 것이 이상한 일이다.'

네, 정말 이상한 일입니다. 그리고 드문 일입니다.

글을 잘 못 쓴다는 핀잔이나 뉘앙스를 경험한 아이들은 무의식적이든 의식적이든 글쓰기에 대한 강한 거부감을 보입니다. 처음 책을 읽을 때 글자를 몰라 더듬더듬 읽는 것이 당연하듯, 글쓰기도 마찬가지입니다. 글쓰기는 책 읽기를 배우는 것보다 더 오랜 시간이 걸립니다. 그런데 많은 부모님들이 아이가 책을 읽을 줄 알면 바로 글쓰기를 할 수 있어야 한다고 생각합니다.

글을 안다는 건, 일단 읽을 수 있다는 것뿐입니다. 읽는 것과 쓰는 것은 다른 차원입니다. 글을 잘 쓰는 단계로 가는 길은 읽기에 익숙해지는 시간보다 더 많은 시간과 노력이 필요합니다. 그 과정 중에 우리 아이가 글쓰기에 대한 긍정적 경험에 노출될 수 있도록 도와주어야 합니다.

"이 문장은 표현이 참 좋구나."
"오늘은 어제보다 글씨체가 더 예쁘다!"
"엄마한테 편지를 써주었구나. 정말 기쁘다."
"일기를 썼구나. 내용이 참 재밌다."
"이 동시 네가 쓴 거니? 비유적 표현이 참 좋다."

일단 무엇이든 아이가 글로 표현했을 때, 글을 썼다는 것 자체로 참 잘했다는 칭찬이 필요합니다. 물론 아이의 글쓰기 능력을 과대평가해서 칭찬할 필요는 없습니다. 적어도 아이가 글을 쓰는 행위만으로도 매우 어렵고 하기 싫은 일을 한 건 분명합니다. 그 부분에 대한 격려가 동반되는 것이 좋습니다.

글쓰기를 정말 싫어하는 아이는 대부분 자신이 쓴 글에 대한 부정적 피드백이나 시선을 받은 경험이 있습니다. 아이들이 글을 잘 못 쓰는 건 지극히 당연한 일입니다. 그러함에도 무언가 적어 내려갔다는 건 큰일을 한 겁니다. 그 부분을 잊지 말고, 아이들이 글을 쓸 때마다 격려해주시기 바랍니다. 누군가 내 글에 관심을 가지는 사람이 있을 때, 아이들은 글 쓰는 걸 그나마 유지하게 됩니다.

우리 아이가 글쓰기를 싫어하는 이유는 능력이 부족해서가 아닙니다. 자기 글을 읽고 격려해주는 독자가 없어서일 뿐입니다. 아이가 쓰는 글의 첫 번째 독자가 되어주시길 바랍니다.

초등 글쓰기의 핵심은
'맞춤법'이 아니라
'내용'이다

우리는 어문 규정을 몰라서 맞춤법을 틀리는 게 아닙니다. 소릿값,
즉 발음 때문에 실수하는 거지요. 그렇기에 이해하려 하기보다
반복적으로 접하면서 손끝에 익히는 게 가장 좋은 방법입니다.

김정선, 《끝내주는 맞춤법》

초등학교 3학년 국어 시간이었습니다. 여행 갔던 경험을 적는 수업이
었습니다. 쓰기 활동을 하다 보면 맞춤법 관련 질문이 자주 등장합니다.
한 학생이 열심히 무언가를 쓰다가 멈춰서 질문을 했습니다.

"선생님 이거 이렇게 띄어 쓰는 거 맞아요?"

다가가서 띄어쓰기를 알려줄 수도 있습니다. 하지만 저는 띄어쓰기를 묻는 학생뿐 아니라 모든 아이에게 이렇게 말해줍니다.

"여러분, 띄어쓰기 또는 어떻게 쓰는지 잘 모르는 단어들은 일단 소리 나는 대로 쓰세요. 중요한 건 멈추지 않고 쓰는 겁니다. 맞춤법에 신경 쓰지 말고 쓰세요. 그래야 떠오르는 생각들을 놓치지 않고 적을 수 있습니다. 글 내용이 우선입니다. 틀린 글자나 띄어쓰기는 나중에 고쳐쓰기 하면서 살펴보면 됩니다."

글쓰기 시간, 띄어쓰기를 물어보는 아이에게 친절히 알려주는 순간, 교실 전체의 아이들이 띄어쓰기에 묶여버립니다. 너도나도 손을 들면서 띄어쓰기를 물어봅니다. 그리고 선생님의 대답을 기다리며 글쓰기를 멈추고 있습니다. 너무도 안타까운 순간입니다.

글을 쓰는 아이 옆에서 지켜보다가 바로바로 띄어쓰기나 틀린 글자를 짚어주는 행위는 아이들의 글쓰기를 방해합니다.

"이건 띄어 써야지!"
"이건 이렇게 쓰는 거잖아."

이런 상황에 익숙한 아이들은 글 내용을 떠올리는 데 집중하지 못합니다. 한 글자 한 글자 맞춤법이 맞는지 틀리는지에 몰입합니다. 결국 시간 내에 글을 완성하지 못하거나 완성해도 글 내용이 어색합니다. 본인이 확실히 아는 단어만 사용하려 하니 문장들이 어딘가 궁색합니다.

맞춤법은 글을 다 쓴 뒤 검토하면서 살펴봐주면 됩니다. 검토할 때도 주의해야 합니다. 아이가 쓴 글에 빨간색 펜으로 맞춤법만 가득 표시해놓지 않는 것이 좋습니다. 별로 대수롭지 않다는 듯 파란색이나 검은색으로 자그마하게 표시해줍니다. 중요한 건 내용입니다.

아이들이 쓴 문장 중에 좋은 내용을 찾아 빨간색으로 밑줄을 그어줍니다. 그리고 밑줄에 연장선을 그어 이렇게 적어줍니다.

"이 문장은 너무 생생해서 눈으로 직접 보는 것 같구나."
"문장이 매우 논리적입니다. 정말 잘 쓴 문장입니다."
"이야기가 흥미진진합니다. 다음 이야기가 궁금합니다!"

문장의 내용이 어색한 경우에도 마찬가지로 빨간색으로 밑줄을 그어줍니다. 그리고 연장선을 그어 적어줍니다.

"주장만 있고 근거가 보이지 않습니다. 주장의 근거를 이 부분에 넣어주세요."

"주인공에게 슬픈 상황인데… 슬픔이 잘 표현되지 않았어요. 어떻게 하면 정말 슬프다는 걸 표현할 수 있을까요?"

"조금 더 긴박한 상황을 살리려면 어떤 표현, 표정을 넣으면 될지 생각해봅시다."

이렇게 아이들이 자신의 글을 다시 받아 보았을 때, 선생님이 혹은 엄마가 글의 내용에 집중해서 읽었다는 사실을 알게 하는 것이 좋습니다. 특히 좋은 문장들에 대한 긍정적 피드백이 무척 중요합니다. 좋은 표현들에 밑줄을 긋고 별표를 해주는 것으로도 아이들은 글을 쓰는 것에 긍정적 동기를 갖게 됩니다.

맞춤법이 심하다 싶을 정도로 부족한 경우도 있습니다. 한 문장을 쓰는데 매번 글자를 어떻게 써야 할지 자신이 없는 정도라면 작문을 시작하지 않는 것이 좋습니다. 대부분 책 읽기가 많이 부족해서 생기는 일입니다. 글쓰기가 중요하고 필요한 능력이라 해도, 충분한 독서가 선행되지 않으면 어렵습니다.

글쓰기를 시작하면 맞춤법에 연연하지 않도록 지도하면서 작문 활동을 하지만, 맞춤법이 심하게 틀린다면 독서 활동에 더 집중하는 것이 좋습니다.

글을 다 쓰고 나서 맞춤법이 아리송한 부분을 점검하게 하거나 인터넷 '맞춤법 검사기'로 학생 스스로 맞춤법을 확인해볼 수도 있습니다. 맞춤법을 따로 교육하기 위해 시간을 내기보다는 그 시간에 더 많은 독서를 하도록 합니다. 독서량이 늘어나면 맞춤법은 자연스럽게 향상됩니다. 동시에 잘 모르는 단어 위주로 맞춤법 검사기를 통해 확인하는 정도면 충분합니다.

아이들의 글쓰기 지도에서 맞춤법은 중요한 부분이 아닙니다. 글의 내용이 중심입니다. 얼마나 창의적인지, 논리 흐름이 맞는지, 글감이 살아 있는지, 비유적 표현이 적절한지 등, 글의 큰 흐름을 맞춤법 때문에 놓치는 일이 없도록 지도하는 것이 중요합니다.

맞춤법은 글쓰기의 작은 도구일 뿐, 결코 중요 수단이 아닙니다. 중요한 건 내용입니다. 아이들이 내용에 집중할 때 글쓰기가 재미있어집니다. 어떻게 써야 할지 막막하다가 갑자기 이야기가 전개되고 새로운 내용이 쏟아지는 순간을 아이들이 체험하게 하는 것이 더욱 중요합니다.

맞춤법, 띄어쓰기를 생각하느라 사유의 흐름이 끊어지지 않도록 꼭 유의하시기 바랍니다.

글쓰기에
자신감을 더하는
4가지 방법

성인만 글쓰기에 어려움을 겪는 것이 아닙니다.

오히려 본격적으로 글쓰기를 접하기 시작하는

초등학생이 더 많이 겪을 수 있습니다.

송숙희, 《초등학생을 위한 150년 하버드 글쓰기 비법》

학급에서 나름 글을 잘 쓴다고 여겨지는 아이들이 3~4명 정도 됩니다. 아주 탁월하게 잘 쓰는 아이들은 몇 년에 한 번 정도씩 드물게 있지만, 그래도 꾸준히 연습하면 제법 글쓰기 실력이 늘겠다고 생각되는 아이들은 항상 있습니다. 조금만 더 노력하면 글쓰기가 좋아지고 자기주도적으로 쓸 수 있게 될 아이를 '글쓰기 영재성'이 있다고 합니다. 그런데 그런 아이조차도 생각보다 자신의 글쓰기 실력을 매우 낮게 여깁니다.

"글쓰기를 잘한다고 생각하는 사람은 손을 들어보세요."

이 대답에 자신 있게 손드는 학생이 몇 명이나 될까요? 초등 중학년(3학년) 이상 교실에서 한 반에 한 명 손들면 정말 많은 겁니다. 그나마 저학년 교실에서 자신 있게 손드는 아이들이 네다섯은 됩니다. 그 아이들은 받아쓰기도 잘하고, 집에서 글자 쓰는 연습을 열심히 했다고 생각하는 아이들이지요. 하지만 학년이 올라가면서 글쓰기에 대한 자신감이 떨어집니다.

학년이 올라갈수록 글쓰기의 경험이 축적된다고 가정했을 때, 글쓰기에 대한 자신감은 이전보다 조금이라도 높아져야 할 것 같지만 결과는 반대입니다. 왜 학년이 올라갈수록 글자를 읽고 쓰는 기회가 더 많음에도 아이들은 '글쓰기'에 대한 자신감이 낮을까요?

첫째, 글을 쓰고 나서 칭찬받은 경험이 별로 없기 때문입니다. 다시 말하면, 글이 아닌 글자를 배울 때부터 칭찬을 받은 일이 거의 없습니다. 대부분 이렇게 되지요.

"글자를 더 크게 반듯하게 적어야지."

"그렇게 말고, 순서를 이렇게 써야지."

"연필 그렇게 잡지 말라니까. 봐봐, 연필은 이렇게 잡아야 바른 거야."

"아니, 무슨 글자인지 잘 모르게 쓰면 어떡해."

아이들은 글쓰기를 배우기에 앞서 글자를 쓰는 행위 자체에서 칭찬보다 지적을 훨씬 더 많이 받습니다. 일단 글씨를 쓰는 행위 속에 부정적 경험이 너무 많이 쌓여 있습니다. 당연히 글쓰기가 싫어지고 자신감이 낮아집니다.

둘째, 쓰기 재료가 눈에 보이지 않기 때문입니다. 그림을 그릴 때는 적어도 여러 가지 색깔 색연필, 물감, 붓, 크레파스 등 뭔가 만질 것들이 많습니다. 보고 그릴 대상이나 물건도 있습니다. 적어도 엄마 아빠를 그릴 때, 늘 보던 사람 얼굴이 하나의 재료가 되지요. 하지만 막상 글을 쓰려고 하면 재료가 거의 없습니다. 연필과 공책 그리고 지우개가 전부입니다. 아무것도 없는 백지에 이야기를 만들어 쓰라고 하는데 재료가 없습니다. 아이 입장에서는 무척 답답한 일입니다. 적어도 어떤 놀이를 할 때면 관련된 놀이도구가 있지만, 글쓰기는 뭐가 별로 없습니다.

국어에서 말하는 '글감', '글의 소재'는 눈에 보이지 않는 것들입니다. 기억에서 꺼내야 하는 것들이 대부분인데, 기억에서 꺼낼 만한 것들이 별로 없을뿐더러, 꺼냈다고 해도 그 느낌이나 경험이 떠오를 뿐 그것을 어떻게 글로 표현해야 하는지 모릅니다.

그런 막막했던 경험들에 노출된 채, 친절한 설명 없이 숙제나 압박감으로 매일 글을 써야 했던 아이들에게 글쓰기에 대한 기억은 고통에 가깝습니다. 글쓰기가 점점 더 자신 없어지는 것은 당연한 수순이지요.

셋째, 상상력을 발휘하고 재미있게 글을 적을수록 쓸데없는 일을 한다는 뉘앙스를 듣기 때문입니다. 꾸준한 독서와 평소 글쓰기에 재미를 느낀 학생이라도 고학년이 되면서 아이들이 글 쓰는 시간을 부모 입장에서 아깝다고 생각합니다. 이런 거죠.

'쓸데없는 이야기 쓸 시간에 문제집을 더 풀지.'
'말도 안 되는 이야기 쓰면서 웃고 있을 시간에 영어 단어를 외우지.'

이런 생각과 표현들은 결국 글쓰기보다 학습 관련 공부에 매진해야 한다는 압박으로 다가갑니다. 글쓰기는 부차적인 것으로 여겨지면서 잘 썼으면 좋겠다는 동기마저도 낮아집니다.

넷째, 글쓰기를 잘했을 때의 보상이 별로 없기 때문입니다. 시험을 잘 보았거나 학원의 등급 테스트에서 높은 점수를 받았을 때는 즉각적으로 보상이 약속됩니다. 평소 갖고 싶었던 물건을 사준다거나 먹고 싶었던 것을 기분 좋게 허용하죠. 그런데 글을 잘 썼을 때는 별다른 보상이 없습니다.

"음, 잘 썼네."
"오~ 재밌게 적었네."

이게 전부입니다. 글을 잘 썼다고 해서 피자를 사준다거나 갖고 싶은 학용품을 사준다거나 하는 보상이 없습니다. 글을 좀 잘 썼을 뿐이지요. 오히려 글을 쓴 뒤에 평가가 돌아옵니다.

"띄어쓰기가 틀렸네."
"이건 받침을 잘못 썼잖아."
"좀 더 자세히 적어야지."
"너무 짧게 적은 거 아냐?"

이 정도 설명이면 아이들이 학년이 올라갈수록 왜 글쓰기에 자신이 없어지는지 이해되실 겁니다. 그렇다면 이제부터 반대로 하면 됩니다. 글쓰기 자신감이 없어지지 않도록 하기 위해서는 네 가지를 하면 되지요.

첫째, 글씨 쓰기를 연습할 때마다 칭찬합니다. 잘 쓰고 못 쓰고를 이야기하기보다 글자를 연습하고 바르게 쓰려고 하는 과정만으로도 참으로 어려운 일을 하고 있다는 칭찬과 격려를 합니다. 그 기억이 글자 쓰기에 대한 긍정적 요인으로 자리 잡게 됩니다.

둘째, 글쓰기를 할 때 친절한 안내가 필요합니다. 주제를 던져주고 글을 쓰라고 하면 아이들에게는 떠오르는 '글감'이 별로 없습니다. 주제를 주되, 한 가지로 국한하기보다 최소 서너 가지를 주는 것이 좋습니다. 그 주제 중에 선택하라고 하는 것 자체가 일단 눈앞에 다양한 재료가 보이는 효과를 줍니다. 그리고 각각의 주제에서 관련되는 단어나 경험을 몇 가지 소개해주는 것도 좋은 재료 노출의 효과를 줍니다. 주제만 주고 글쓰기를 시작하라고 하는 건, 아이 입장에서 무에서 유를 만들어내라고 하는 것과 크게 다르지 않습니다.

셋째, 상상하는 글쓰기 및 재미있는 이야기를 쓰는 과정을 존중합니다. 글쓰기를 공부에 방해되는 딴짓 정도의 수준으로 낮추는 순간, 글쓰기를 잘할 이유가 없어집니다. 심지어 잘하는 아이에게는 쓸데없는 것만 잘한다는 수치감을 줍니다. 글을 쓰는 행위 자체만으로도 공부 이상의 가치가 있다는 인식을 심어줄 필요가 있습니다.

넷째, 글쓰기에 대한 보상을 주십시오. 작은 것이라도 좋습니다. 글을 쓰니 뭔가 이득이 생겼다는 경험이 필요합니다. 책을 읽는 것만으로도 아이들의 뇌는 거의 '노동'하는 수준의 에너지를 사용합니다. 그런데 글을 쓰는 일은 책을 읽는 것보다 몇 배는 힘든 과정입니다. 그 어려운 것을 해내고 있는데 보상이 없다는 건 정말 이상한 일입니다. 아이들이 그 이상한 일을 열심히 할 리 없지요.

우리 아이가 글쓰기에 자신감이 없다면, 일단 칭찬하시기 바랍니다. 글쓰기를 한 것만으로도 칭찬받을 만한 일입니다.

초등학생에게 필사가 효과적일까?

글쓰기 실력을 높이기 위해 '필사'를 시키기도 합니다. 아무것도 안 쓰는 것보다는 일단 베껴 쓰기라도 하면 글쓰기 실력을 조금이나마 높일 수는 있습니다. 하지만 초등 시기에 권하고 싶지는 않습니다. 교실에서 필사를 하도록 했을 때, 대부분의 학생들이 지루해합니다. 본인이 즐겁게 읽은 책의 일부를 베껴 쓰는 과정도 마찬가지입니다.

베껴 쓰기를 하기보다는 필사하는 책을 한 번 더 읽게 하는 것이 효과적입니다. 초등 시기 글쓰기교육의 목적 중 하나는 글을 잘 쓰게 하는 것보다는 글 쓰는 행위가 즐겁다는 것을 느끼게 하는 것입니다. 글을 손으로 옮겨 적는 단순 복사하는 과정이 글쓰기를 즐겁지 않은 것으로 각인시킬 수 있습니다.

글쓰기 실력을 높이기 위한 베껴 쓰기는 될 수 있으면 초등 시기에 지양하는 것을 권합니다. 그보다는 글씨체를 따라 쓰게 하거나 컴퓨터 자판 연습을 위해 좋은 문장을 활용하는 것 정도에 머무는 것이 좋습니다.

가끔 좋아하는 노래 가사를 베껴 적는 아이들이 있습니다. 대부분은 초등 고학년 정도 되어야 이런 자발적인 필사를 시도합니다. 그것도 극히 일부 아이들입니다. 대부분은 필사가 아닌, 내용을 창의적으로 변경하는 글쓰기를 더 선호합니다.

좋은 글을 쓰기 위한 방안으로 베껴쓰기보다는 그 시간에 다양하고 재미있는 책을 읽게 하는 것이 실질적인 도움이 됩니다. 또는 기존의 내용을 자기 나름대로 변경하는 글쓰기를 하는 것이 아이들에게는 글쓰기 동기 유발이 됩니다. 아이들에게 베껴 쓰기는 좋은 방법이 아닙니다.

초등 글쓰기
STEP2

우리 아이 글쓰기 근육을 키우는
글쓰기 트레이닝 노하우

글쓰기 실력은
글쓰기 근력으로
완성된다

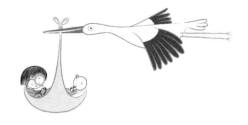

"링에 오르기는 쉬워도

거기서 오래 버티는 건 쉽지 않습니다."

무라카미 하루키, 《직업으로서의 소설가》

글쓰기를 잘하는 아이는 어떤 성향을 보일까요? 글쓰기를 잘 배우는
아이는 어떤 아이일까요? 많은 아이디어와 기발한 생각으로 우리를 놀
라게 하는 아이는 글쓰기 능력도 정말 뛰어나게 좋을까요?

처음에는 글쓰기 실력이 부족한 듯 보여도 지속적인 쓰기를 통해 실
력이 눈에 보일 정도로 올라가는 아이가 있습니다. 그런 아이에게는 한

가지 특징이 있습니다. 글을 잘 쓰게 되는 아이의 특징은 생각보다 단순합니다. 그리고 그 특징은 일상 안에서도 큰 힘을 발휘합니다.

글을 잘 쓰는 아이는 창의적이면서 논리적인 사고를 할 거라고 생각할 수 있습니다. 창의적이면서 동시에 생각이 논리적인 아이들은 생각보다 많습니다. 학급에 두세 명 정도는 꼭 있습니다. 한 반에 두세 명이 많다고 말할 수 있는지 의아할 수도 있지만, 그 정도는 많은 겁니다. 30명을 기준으로 세 명이면 10퍼센트 정도 되지요. 결코 적은 숫자가 아닙니다. 그렇다면 그 아이의 글쓰기 실력은 배우는 대로 쑥쑥 올라갈까요? 안타깝지만 그렇지 않습니다. 대부분 오랫동안 일정 상태에 머물러 있습니다.

창의적이면서 논리적인 사고를 하는 아이는 글쓰기를 잘할 수 있는 준비가 되어 있습니다. 그렇지만 이 중에서 정말 좋은 글을 쓰는 단계로 올라가는 아이는 많지 않습니다. 좋은 글을 쓰는 단계로 올라가기 위해서는 창의력과 논리력만으로 부족합니다. 또 꼭 창의적이고 논리적이어야 글쓰기를 잘 배운다고 할 수도 없습니다. 글쓰기에 좀 더 적합한 상태가 준비되었다고 할 수 있을 뿐입니다.

글쓰기를 잘 배우는 아이의 특성은 따로 있습니다. 오히려 창의력이 글쓰기에 방해가 될 때도 많습니다. 창의력과 논리력이 좀 부족해도 좋은 글을 쓰는 단계로 올라가는 아이가 있습니다. 그 아이의 특성은 일단 글을 쓰면 성실하게 마침표를 찍는 모습을 보입니다. 즉, 글을 쓰는 데 근면합니다. 이 근면함은 '글쓰기를 지속하는 힘'이라고 할 수 있는데, 간단하게 '글쓰기 근력'이라고 표현하겠습니다. 글 내용이 참신하진 않아도 혹은 논리력이 조금 부족해도 이야기를 끝까지 전개하는 지속성과 마무리를 짓는 모습을 보이는 아이가 글쓰기 실력이 늡니다.

다양한 생각을 창의적으로 뽑아내는 아이들은 많습니다. 번득이는 아이디어를 상황에 따라 샘솟듯이 떠올리는 아이들도 많습니다. 똑같은 놀이를 해도 매일매일 다른 방법을 적용할 정도로 창의적입니다. 그런데 창의적인 아이디어만 잔뜩 꺼내놓고 글을 쓸 때는 정작 게으른 모습을 보일 때가 많습니다. 즉, 창의적인 생각들을 꺼내는 즐거움에 머문 채, 정작 생각을 잡고 끝까지 글을 완성하는 데는 회피하는 모습을 보이기도 합니다. 이럴 경우라면 일정 수준 이상의 글을 쓰기가 어렵습니다. 늘 무언가 새롭게 시작만 할 뿐, 완성된 글을 써본 경험은 적습니다.

글쓰기를 할 때, 아이디어를 떠올리는 데서 멈춰버리면 완성된 글쓰기를 할 수 없습니다. 하나의 아이디어라도 그 과정을 구분해서 '서론, 본론, 결론' 혹은 '발단, 전개, 절정, 결말' 등의 하나의 패턴이 완성되어야 글쓰기가 완료됩니다. 아무리 많은 양의 기발한 생각이 떠올라도 결국 그 상태의 반복은 글쓰기 시작 단계만 여러 번 한 것이지 그 이상의 의미가 없습니다.

재미있을 것 같은 이야기로 글쓰기를 시작하더라도 쓰다 보면 내용의 한계를 만나게 됩니다. 한계를 만나면 많은 아이가 쓰기를 멈춰버립니다. 그리고 새로운 이야기를 다시 떠올립니다. 신나게 새로운 아이디어를 구상하다가 또 막히는 부분이 나옵니다. 그러면 또 아이디어가 떠오른 부분까지 쓰다가 결국 맺음을 하지 못합니다. 글을 쓰다가 막히는 순간, 아이디어에서 중심을 잡고, 막히는 순간을 견디고, 계속해서 연결점을 찾아야 하는데, 포기해버리는 아이들이 많습니다.

"아이, 모르겠다. 그냥 대충 쓰자."
"이거 말고 다른 재밌는 생각이 떠올랐어. 그걸로 쓰자."
"분명 재밌는 생각이었는데… 쓰다 보니 말이 안 되네. 뭐 다른 거 또 없나?"

글쓰기 실력은 의외로 창의력이 아닌 일상적인 태도와 습관에 더 큰 영향을 받습니다. 그것은 바로 '근면'과 '성실'입니다. '근면'하고 '성실'한 아이가 글을 끝까지 씁니다. 글을 완성하는 힘은 아이디어가 아니라 마지막까지 끌고 가는 '근면성'에서 나옵니다.

실제로 수업 중, 혹은 과제로 제시된 글을 완성된 형식으로 제출하는 아이들은 대부분 '근면'한 아이들입니다. 평소 학급에서 맡은 역할을 끝까지 해내는 아이, 숙제가 주어졌을 때 성실하고 묵묵히 해 오는 아이, 이런 아이들이 한 편의 글을 결말까지 완성해 나갑니다.

서너 가지 주제를 주고 그중 하나의 주제를 선택했으면 그 이후에는 주제를 바꾸지 않도록 지도합니다. 주제를 계속해서 바꿀 수 있는 여지를 주면 여러 가지 생각들만 떠올리다 마무리를 짓지 못하게 될 수 있습니다. 결국은 3개의 주제 중 완성된 글은 없고, 3개의 아이디어로 가득 채운 서론 부분의 글만 3개뿐입니다. 이런 과정으로는 글쓰기 실력이 늘지 않습니다.

글을 쓰다 생각이 막히면 잠시 기다리거나 자리에서 일어나 걸어 다녀도 됩니다. 주제를 바꾸지 않은 채 새로운 아이디어를 떠올리거나 막히는 순간에 잠시 그대로 있기만 해도 됩니다. 그 시간을 놓지 않고 있는 것이 중요합니다. 그 시간을 견디지 못하고 새로운 주제로 넘어가는 순간 글쓰기는 계속 겉돌게 됩니다.

좋은 글은 주제를 끝까지 잡고 계속 사유하는 근면성에서 탄생합니다. 마치 강줄기와 비슷합니다. 어떻게 해서든 강줄기가 멈추지 않고 계속 흐르도록 견뎌야 합니다. 그렇지 않고 기발한 생각들만 가득 채워놓은 채 흐름이 끊긴 글은 여러 개의 호수를 만들어놓은 것에 지나지 않습니다. 작은 글감으로 시작했지만, 마치 작은 시냇물이 흐르는 것처럼 중심 줄기를 잃지 않고 결국 바다까지 이르는 근력이 글쓰기 실력을 늘려줍니다.

우리 아이의 글쓰기 실력을 높여주려면 글 쓰는 요령이 아니라 끝까지 과제를 완성해내는 과제수행력을 기본적으로 키워주시기 바랍니다. 과제수행력이 높은 아이들은 힘들어도 글의 중심을 쥐고 끝까지 갑니다. 그리고 결국 글의 마침표를 찍습니다. 좋은 글이든 좋지 않은 글이든 일단 끝까지 전개하는 아이에게 많은 칭찬을 해주시기 바랍니다. 정말 어려운 작업을 해 나간 겁니다.

글쓰기는 '성실함', '근면성'이 키워줍니다. 이것이 글쓰기 근력입니다.

글쓰기 연습은
'시간'이 아니라
'문장'이 기준이다

많은 선배 작가들이 글을 잘 쓰려면
다독(多讀), 다상량(多商量), 다작(多作)하라는 말을 한다.

양정훈 외,《글감옥 탈출기》

'필력(筆力)'이 좋다는 말은 두 가지 의미로 사용됩니다. 글씨체를 두고 좋다고 하는 의미가 있고, 문장의 내용을 보고 좋다 하는 때도 있습니다. 문장의 내용이 좋다고 하는 필력을 초등 아이들에게 비유적으로 표현하기 위해 '글쓰기 근육'이라고 말합니다.

학급 글쓰기를 할 때 아이마다 다르게 형성된 '글쓰기 근육'에 따라 아이들의 표정이 달라집니다. 아이들의 글 쓰는 모습은 네 가지 정도로 나눌 수 있습니다.

첫 번째, 고개를 파묻고 거침없이 첫 문장을 시작하는 아이들이 있습니다. 질문도 별로 없습니다. 머릿속에 미리 저장해놓은 글이 있는 듯 쏟아냅니다. 그 아이들의 책상 옆을 지나면서 슬쩍 읽어만 봐도 감동이 밀려옵니다. 문체가 뛰어나거나 문장의 구성이 좋다는 의미가 아닙니다. 아이만이 쓸 수 있는 순수한 글의 세계가 있습니다. 그 세계 속에 풍덩 빠져 있는 생생함이 글 속에 팔딱이는 것이죠.

두 번째, 일단 첫 문장을 시작했지만 다음에 어떻게 이어가야 할지를 놓고 고민하는 아이들이 있습니다. 그 아이들은 글을 쓰는 중간중간 쓰고 지우고를 반복합니다. 그러다 아이디어를 떠올리며 결국은 완성해냅니다. 이 아이들의 글도 읽다 보면 얼굴에 미소를 만들어줍니다. 재미도 있습니다. 논리상 억지스러운 면도 있지만 그것이 아이답다는 인상을 주며 웃음을 줍니다.

세 번째, 첫 문장을 시작하지 못하고 끙끙대는 아이들이 있습니다. 표정은 답답하고 뭔가 풀리지 못한 것이 가슴에 콱 막혀 있는 모습입니다.

그렇게 10분 이상을 첫 문장을 쓰는 데 시간을 보냅니다. 첫 문장을 썼지만 거기까지입니다. 이미 모든 에너지를 소진했습니다. 그 아이들의 표정을 보고 있으면 풀리지 않는 실타래가 전이되는 느낌입니다. 철봉에 매달린 채 턱걸이를 간신히 한 개 하고서 더는 올라가지 못하고 매달려 있는 모습입니다.

네 번째, 아예 글쓰기를 시작도 못 하고 포기하는 아이들이 있습니다. 고민해도 어차피 글을 쓰지 못할 거라고 단정 지어버린 아이들이지요. 그들의 마음은 이미 딴 곳에 가 있습니다. 옆에서 다양한 글감들을 제시해주어도 반응이 없습니다. 글쓰기 시간이 끝나기만 기다립니다. 이들의 공통점은 이런 모습이 글쓰기에만 국한되지 않는다는 겁니다. 음악 시간 리코더 불기, 미술 시간 수채화 그리기 등에서도 비슷한 모습을 보입니다.

많은 부모들이 매일 조금씩이라도 글을 쓰면 글쓰기 실력이 늘 거라 생각합니다. 즉, 아이들의 '글쓰기 근력'이 높아지리라 생각합니다. 그런데 그렇게 해도 글쓰기가 생각처럼 향상되지 않는 아이들이 있습니다. 바로 세 번째와 네 번째에 언급한 아이들입니다. 그들은 아직 글쓰기 근육을 키울 준비가 되어 있지 않습니다.

세 번째 언급한 아이처럼 어떤 글감이 주어졌을 때, 첫 문장을 시작하는 데 오랜 시간이 걸리고 그 상태에서 별다른 진전이 없다면 글쓰기를 자주 하는 것이 도움이 되지 않습니다. 오히려 그런 상황의 반복이 네 번째 언급한 학생처럼 글쓰기 무력감으로 옮겨갑니다. 이 학생들은 글쓰기보다 '책 읽기'부터 해야 합니다. 아마 이들 대부분은 매일 10분 독서도 하지 않았을 겁니다. 적어도 매일 자신의 수준에 맞는 책을 40분 정도 꾸준히 한 학기 이상 읽고 나서 글쓰기를 시작해야 합니다. 그때의 글쓰기도 어떤 주제를 주고 하기보다는 현재 자신의 감정이나 느낌을 글로 적어보는 '한 줄 감정 글쓰기'부터 합니다.

　글쓰기 근육은 일단 글을 무조건 쓰게 한다고 느는 것이 아닙니다. 글쓰기를 시작할 어휘들을 먼저 채워 넣어야 시작할 수 있습니다. 글은 본인 내면의 움직임들에 적합한 어휘를 찾아 문장으로 만드는 과정입니다. 기본적으로 어휘가 충분하지 않으면 문장으로 나열하는 과정이 무척 힘겹고 고통스럽습니다. 그런 고통이 반복되고 누적되면 글쓰기에 강한 무력감으로 저항하는 단계로 넘어갑니다.

　네 번째 언급한 아이들의 경우는 '혼자 책 읽기'도 하기 어렵습니다. 책을 읽으라는 말조차도 거부합니다. 그래서 부모님의 '책 읽어주기' 과정이 필요합니다. 편안하고 안정감 있는 환경과 분위기에서 엄마 혹은 아빠가 찬찬히 책을 읽어주는 것부터 시작입니다. 자녀와 더 안정 애착이 형성된 사람이 읽어주는 것이 좋습니다. 약 1년 정도 매일 20분 정도씩 꾸준히 읽어줍니다.

이 아이들에게 글쓰기는 아직 한참 후 이야기입니다. 글쓰기가 아니라 글씨 쓰기 정도를 조금씩 진행합니다. 아마 글씨 쓰기에 알맞은 손 근육 발달도 되어 있지 않을 수 있기 때문입니다. 이렇게 매일 꾸준히 책을 읽어주고, 책 내용을 서로 대화하듯이 이야기를 주고받습니다. 엄마가 읽어준 책에 대해 독후감으로 쓰라고 하는 숙제는 내주지 마세요.

글쓰기 근육이 형성될 수 있는 아이는 두 번째 언급한 학생들부터입니다. 첫 문장을 시작하고 문장을 써 내려가긴 하는 데 쓰고 지우기를 반복하는 아이들에게 매일 꾸준히 글을 쓰는 과정은 매우 효과가 좋습니다. 글쓰기를 매일 꾸준히 반복할 때 '시간'을 단위로 사용하지 않습니다. '문장'을 단위로 알려줘야 아이들이 이해합니다. 이런 겁니다.

"매일 10분씩 글을 쓰세요."

그러면 아이들은 알아듣지 못합니다.

"매일 세 문장씩 글을 쓰세요."

"매일 다섯 문장씩 짧은 이야기를 써보세요."

"매일 공책 반쪽씩 이야기를 써보세요."

이렇게 해야 아이들은 알아듣습니다.

글쓰기 근육을 키우기 위해서는 문장의 수를 점차 늘려나가는 과정을 거쳐야 합니다. 일단 글쓰기를 시작해서 어느 정도의 분량을 채울 수 있느냐가 현재 아이가 가진 글쓰기 근육이라고 보면 됩니다. 내용의 구성 및 이야기 전개, 사건, 절정 등의 과정들은 추후 순서입니다.

첫 번째 사례에서 언급한 아이들의 경우 이미 글쓰기 근육이 형성되어 있다고 보아도 됩니다. 그들은 글쓰기 근육보다 세련된 글쓰기에 몰입할 수 있습니다. 이 아이들의 글쓰기 속도는 연필로 글을 쓰는 속도보다 빠릅니다. 그래서 컴퓨터로 글쓰기를 해도 좋습니다. 그 과정이 오히려 필력을 높입니다. 생각의 전개를 바로바로 적어나갈 때, 자신도 모르게 자기가 쓰는 글 속으로 빠져들 수 있게 만들어줍니다. 이 아이들은 '개인 블로그'를 만들어주고 블로그 안에 나름의 카테고리를 정해서 '수필', '소설', '논술' 등의 다양한 글을 지속적으로 쓸 수 있도록 합니다. 아마 빠른 성장 속도를 보일 것입니다.

글쓰기 근육을 키우기 위해서는 우리 아이의 필력 수준부터 파악하는 것이 우선입니다. 글쓰기는 무조건 매일 쓰게 한다고 늘어나는 것이 아닙니다. 준비된 아이들에게만 해당합니다.

아직 걷지도 못하는 아이에게 아령을 주면서 근육을 키우라고 하는 건 위험한 상황을 만듭니다. 우리 아이가 걷기(책 읽기)부터 해야 하는지 아닌지 살펴본 뒤에 글쓰기를 시작하시기 바랍니다.

글쓰기를 시작도 못 하는 아이를 위한 '생각 꺼내기' 연습

"제대로 질문할 수 있다면
우리는 원하는 모든 것을 가질 수 있다."

김종원,《하루 한마디 인문학 질문의 기적》

글쓰기 책들을 보면 공통적으로 이렇게 말하고 있습니다.

"일단 쓰세요."

"무조건 생각나는 대로 쓰세요."

"일단 첫 문장을 시작하세요."

여기서 말하는 공통사항은 '일단 쓰기'입니다. '일단 쓰기'가 내포하고 있는 바는 이렇습니다.

1. 생각의 제한을 두지 않는다.
2. 최대한 많이 떠올린다.
3. 떠올린 것들을 바로 적는다.
4. 맞춤법, 띄어쓰기, 내용 구성 등을 생각하지 말고 그냥 쓴다.
5. 누군가 이 글을 읽고 뭐라고 할지 생각하지 않고 쓴다.
6. 자유롭게 적는다.
7. 시작부터 잘 쓰려고 생각하지 않는다.
8. 다 쓰고 나서 생각(수정, 보완)한다.

이는 어떤 주제를 가지고 글쓰기를 시작할 때 적용하기 좋은 방법임에 틀림없습니다. 그런데 문제가 있습니다. 이렇게 '일단 쓰기'를 할 수 있는 아이들이 많지 않습니다. '일단 쓰기'도 어느 정도 '글쓰기 근육'이 형성된 아이들에게 가능합니다. 글쓰기에 익숙하지 않은 아이들에게 '일단 쓰기'는 어려운 일입니다. 일단 무조건 쓰기 위해서도 우리의 뇌는 많은 단계를 거칩니다. 그 단계에 익숙하지 않은 아이들은 '일단 쓰기'를 하기 어려워합니다.

학급에서 글쓰기 시간이면 늘 등장하는 하소연이 있습니다.

"선생님, 어떻게 써야 할지 모르겠어요."
"선생님, 뭘 쓸지 모르겠어요."

이런 질문을 받으면 많은 부모님과 선생님들이 이렇게 대답합니다.

"부담 갖지 말고, 일단 생각나는 것부터 쓰렴."
"일단 첫 문장을 쓰고, 이어가보자."

이렇게 '일단 쓰기'를 할 수 있도록 안내하면 다음과 같은 대답이 돌아옵니다.

"아무것도 생각이 안 나요."
"그래도 모르겠어요."

아무것도 생각나지 않는다며 혼자 끙끙대는 아이를 보면 글쓰기를 지도하는 엄마나 교사 입장에서도 답답합니다. 그 답답함에 아이를 나무라거나 감정을 담아서 말을 하면 '글쓰기' 교육은 갈수록 힘들어집니다.

"그렇게 생각나는 게 없어!"

"일단 쓰라니까!"

"아~ 정말 답답하네. 첫 문장도 못 쓰고 있으면 어떻게!"

이런 과정을 몇 번 반복하면 아이에게 '글쓰기'는 힘들고 고통스러운 일이 됩니다. 그들에게 글쓰기란 가능하면 피해야 하는 과정이 되는 겁니다.

'일단 쓰기'는 생각보다 어렵습니다. 특히 글을 쓰기 위한 사고력을 자주 사용하지 않는다면 더욱 어렵습니다. 일단 쓰라고 말하지 말고 쓰기의 사고 순서대로 질문을 떠올리게 합니다. 처음에는 관련된 질문들을 글쓰기를 지도하는 사람이 합니다.

'봄'을 주제로 글을 쓴다고 가정하겠습니다. '봄'이라는 주제를 주고 동시에 질문을 던집니다.

Q. 봄 하면 어떤 단어가 떠오르나요? 봄이 되면 볼 수 있는 것들을 적어보세요.

A. 개나리, 벚꽃, 새싹, 소풍, 개구리, 황사, 눈 녹은 골짜기…

Q. 봄에 볼 수 있는 것들을 여러 가지 잘 적었네요. 그러면… 그중에서 직접 보았거나 체험해본 것이 있는 인상 깊은 단어는 무엇인가요?

A. 개구리입니다.

Q. 개구리의 어떤 인상 깊은 체험을 했나요?

A. 곤충박물관에 간 적이 있는데 거기에서 개구리를 키우고 있었습니다. 개구리에게 귀뚜라미를 먹이로 주는 모습을 보았습니다.

Q. 먹이 주는 모습을 보고 어떤 느낌을 받았죠?

A. 귀뚜라미가 가엾다는 생각이 들었습니다.

Q. 좋아요. 그럼 주제를 '봄'에서 '개구리'로 바꿀까요. 또는 '곤충박물관 견학'이라고 해도 좋아요. 그때 개구리를 보고 체험한 것들, 특히 귀뚜라미를 먹이로 주는 과정을 자세히 적어보세요. 느낌도 적어보고요. 첫 문장은 어떻게 시작하면 좋겠어요?

A. 음… 4학년 때 갔었으니까… "4학년 여름방학에 엄마랑 곤충박물관에 다녀왔습니다"라고 시작하면 될 것 같아요.

이렇듯 글을 쓰는 과정에서 어떤 내용을 적어야 할지 잘 떠오르지 않고 막막해하는 아이들에게는 '일단 쓰기'를 하지 말고 '질문하기'를 합니다. 질문을 하고 그 질문에 대한 단순한 답변을 떠올리면서 '글감'들을 자연스럽게 꺼내놓게 합니다. 보통은 3~4개 정도의 단순 질문을 하다 보면 아이들이 써야 하는 글에 대한 '생각 꺼내기'가 시작될 수 있습니다.

글쓰기의 시작은 '일단 쓰기'가 아닙니다. '질문 찾기'가 먼저입니다. 아이들에게 던져주는 좋은 질문이 '일단 쓰기'의 실마리를 제공합니다. 그런 좋은 질문을 통해 글 쓰는 과정을 자주 연습하면, 나중에 혼자서도 질문할 수 있게 됩니다. 그리고 그 질문에 답변하면서 '일단 쓰기'가 시작됩니다.

아이들에게 주제를 주고 "일단 써라" 하기보다, 주제를 주고 '질문'을 주시기 바랍니다. 질문이 있어야 '생각 문'이 열리고 글이 써지기 시작합니다.

글쓰기 주제는 한 번에 몇 개가 적당할까?

보통 글쓰기를 시작할 때 주제를 줍니다.

"방학을 주제로 글을 쓰세요."

이렇게 한 가지 주제를 주고 글을 쓰라고 하기보다 3~4개 정도의 주제를 주고 그 중에서 하나를 골라 글을 쓰게 하는 것이 좋습니다. 글쓰기 주제가 하나라는 사실이 생각의 폭을 좁게 만들기 때문입니다. 1개의 주제는 글을 쓰면서 즐겁다는 생각 대신 상상의 제약을 받는 기분이 들게 합니다. 다른 더 재미있는 것들을 놓치고 이 주제 한 가지만 해야 하는 통제를 느끼게 됩니다.

아이들은 동시에 여러 가지를 놓고 볼 때 호기심이 발동합니다. 그래서 주제를 여러 개 주면 그중 더 재미있을 것 같은 주제를 고를 수 있습니다. 그렇게 고른 주제는 자연스럽게 이야기가 상상됩니다. 자녀에게 글쓰기를 지도할 때는 3~4가지를 제시하고 그중 스스로 선택할 수 있는 기회를 주는 것이 좋습니다. 그렇다고 글쓰기 주제를 많이 줄수록 좋은 것은 아닙니다. 3~4가지 정도가 아이들의 선택지로 놓일 때 가장 적절합니다.

가장 좋지 않은 상황은 주제도 주지 않고 글을 쓰라고 하는 것입니다. 무엇이든 괜찮으니 쓰고 싶은 이야기를 쓰라고 하는 것은 글쓰기에 대한 두려움을 갖게 합니다. 바다 한가운데서 가고 싶은 데로 가라고 하는 것과 같습니다. 어디로 가든 방향성이 없기 때문에 그 상황 자체가 혼란스럽게 되고 글쓰기에 대한 부정적 경험을 갖게 합니다.

아이에게 글쓰기를 지도할 때는 주제 3~4가지를 제시하고 그중 스스로 선택할 수 있는 기회를 주시기 바랍니다. 아이들은 최대한 재미있을 것 같은 주제를 고를 것이고, 이 선택이 상상력을 자극합니다.

아이의 성향에 따른
글쓰기 트레이닝
노하우

산만한 아이의 몰입력을 높이는 3가지 방법

"아이의 빛나는 잠재력에 주목해주세요."

이슬기, 《산만한 아이의 특별한 잠재력》

잘 뛰어다니고 이곳저곳 간섭하기를 좋아하는 아이가 있습니다. 그 아이는 늘 시끄러운 무언가를 일으키곤 합니다. 부모가 보기에 얌전히 있으면 좋겠는데, 시간이 지나면 조금 나아지려나 기다려보지만, 고학년이 되어도 변함이 없는 아이가 있습니다. 참으로 한결같이 산만하지요. 또는 산만함이 더욱 강해지기도 합니다.

"선생님, 우리 우진이가 점점 더 산만해져서 걱정입니다."

산만한 아이들의 특징 중 하나는 주변 상황에 매우 민감하다는 것입니다. 그래서 무언가 보일 때마다, 들릴 때마다, 만져질 때마다 반응합니다. 그 반응을 어른들은 "산만하다"라고 말합니다.

일반적으로 말하는 '학습'은 주변 상황에 대한 반응도가 낮을 때 효과가 좋습니다. 읽고 있는 교과서 및 학습지 이외에 다른 것에 반응하지 않아야 하기 때문입니다. 따라서 민감도가 높은 산만한 아이에게 글쓰기는 매번 힘든 상황의 반복입니다. 아이도 힘들고 엄마도 힘들어집니다. 결국 포기하거나 강압적 분위기가 연출됩니다. 이런 상황이 반복되면 엄마는 죄책감과 무력감이 쌓이고, 아이는 자존감과 자기결정력이 낮아집니다.

산만한 아이를 방 책상에 앉혀놓고 몇 가지 주제를 주고 글을 쓰라고 하면 이런 일들이 벌어집니다.

하나, 글을 몇 줄 쓰고서 계속 주변을 두리번거립니다.
둘, 딴짓하지 말고 어서 쓰라고 하면 또 억지로 몇 줄을 씁니다.

셋, 아이가 쓴 글을 보면 내용에 성의가 없고 글씨도 엉망입니다.

넷, 집중해서 쓰라고 다그치게 되고 아이는 짜증을 내거나 언제 끝나냐고 묻습니다.

다섯, 20분 뒤에 올 테니 공책 한 바닥은 무조건 쓰라 말하고 돌아와 보면 아이는 책상에 엎드려 있거나 몰래 스마트폰을 하고 있습니다.

글은 꼭 길게 쓸 필요도 없고, 꼭 책상에 앉아서만 쓸 필요도 없습니다. 특히 산만한 아이들에게 책상이란 장난감도 아닌데 방의 3분의 1을 차지하고 있는 이상한 물건입니다.

산만한 아이에게 '글쓰기'란 창의적 아이디어를 기록해야 하는 순간 사용하는 도구입니다. 즉, 그들에게 내재된 에너지를 억제하면서 글쓰기를 하면 그들다운 글쓰기를 할 수 없게 됩니다.

교실에서 가끔 산만한 아이들이 순간순간 몰입해서 무언가를 그리거나 기록할 때를 봅니다. 그 순간 다가가면 제가 다가가는 줄도 모릅니다. 본인이 지금 빠져 있는 것을 어떻게 해서든 마무리하는 일에만 집중합니다. 어떤 캐릭터를 그릴 때도 있고, 그 캐릭터 그림에 말풍선을 달아 짧은 만화를 만들어내기도 합니다. 또는 몇 문장 되지 않는 장난스런 말귀를 적어놓습니다. 그때, 그 아이의 글은 살아 있습니다.

산만한 아이는 긴 글을 쓰기에 어려움이 있지만 짧은 글을 살아 있게 쓰는 장점이 있습니다. 그런 장점을 살려서 글쓰기를 시작하도록 도와주세요. 짧은 글을 생생하게 쓰는 과정을 만들어줍니다.

'삼행시' 쓰기를 합니다. 그런데 단어를 주고 삼행시를 쓰라고 하면 산만한 아이의 뇌는 작동하지 않습니다. 산만한 아이의 뇌에 자극이 주어져야 합니다. 그 자극은 아주 작고 사소한 변화를 통해 가능합니다.

"'장난감'이라는 단어를 가지고 삼행시를 적어보자. 엄마도 적어볼 거야. 누가 더 빨리 적는지 시합하자. 그런데 조건이 있어. 3개의 문장이 서로 연결되어야 해. 자, 연필하고 지우개, 공책 준비해놓고… 시작!"

이렇게 서로 달리기 시합하듯 삼행시를 쓰고 읽어보게 하고 엄마가 적은 것도 들려줍니다. 글쓰기 하나만 하는 게 아닙니다. 글을 쓰고, 누가 먼저 썼는지 경쟁도 하고, 경쟁 후에 자신이 쓴 삼행시를 소리 내어 읽어보고, 엄마가 쓴 삼행시를 듣습니다. 그 과정 중에 상대의 글에 대한 감상도 합니다. 이렇게 짧은 시간에 산만한 아이들의 민감도를 최대한 활용할 수 있는 과정이 만들어질 때 그 아이는 글 쓰는 과정을 자연스럽게 몸에 익히게 됩니다.

또 다른 방법은 '글감 찾아 글쓰기'입니다. 이것도 마찬가지로 함께 하면 좋습니다.

"집에 있는 물건 중에 두 글자 단어로 된 것 2개를 찾아오는 거야. 2개를 거실로 찾아오고 그다음에 그 물건의 이름이 들어가는 짧은 문장을 공책에 먼저 적는 사람이 이기는 거야. 꼭 물건을 거실로 가져와야 해. 가져오지 않고 생각만으로 글을 쓰면 안 돼. 알겠지? 그럼… 시작!"

이 과정은 다양한 과정으로 변화시킬 수 있는 장점이 있습니다. 세 글자 단어로 된 물건으로 바꿀 수도 있습니다. 또는 세 글자 단어로 된 물건 1개와 두 글자 단어로 된 물건 1개, 이렇게 섞을 수도 있습니다. 이런 글쓰기를 하면서 산만한 아이들은 내 주변의 다양한 물건만으로도 글쓰기 소재가 된다는 사실을 알게 됩니다. 물건을 찾아오고, 찾아온 물건을 소재로 글을 쓰면서 글감을 떠올리는 능력도 상승하게 되는 것이죠.

산만한 아이에게 어떤 내용을 전달할 때는 이름을 불러주는 것이 좋습니다. 산만한 아이는 시각뿐 아니라 청각도 무척 민감합니다. 그래서 동시다발적으로 소리에 귀 기울입니다. 소리 중에 가장 재미있을 것 같은 것으로 계속 바꾸면서 자신의 행동반경을 정하지요. 엄마나 선생님이 중요사항을 안내하고 있어도 아이의 신경은 다른 소리에 머뭅니다. 그래서 아이에게 필요한 것들을 이야기하기에 앞서 '이름'을 불러주는 것이 좋습니다. 글쓰기 지도에도 마찬가지입니다.

"윤아야~ 여기 이 문장은 정말 잘 썼구나. 느낌이 정말 살아 있어. 이건 너만 쓸 수 있는 문체야. 정말 잘했어."

"규인아~ 만화책 말고 그림책을 가져오렴. 지금은 그림책을 읽어줄 거야."

"주하야~ 지금 읽어준 내용에서 가장 마음에 드는 단어를 골라볼래?"

산만한 아이는 자신의 이름을 불러주지 않고 말하면 자신에게 말한 것이 아니라고 느낍니다. 수많은 소리 중 하나입니다. 그중 재미있을 것 같은 소리를 찾아 여행을 떠나지요.

산만한 아이는 언제든 여행을 떠날 준비가 되어 있습니다. 그 아이에게 글이란 '바람'처럼 움직여야 합니다.

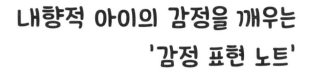

내향적 아이의 감정을 깨우는
'감정 표현 노트'

자신의 마음을 말로 표현하는 것은 어렵습니다.

자기 마음이 어떤지 정확하게 알지 못해서이기도 하지만,

마음을 표현할 말을 알지 못하기 때문이기도 합니다.

박성우, 《아홉살 마음 사전》

쉬는 시간 교실은 무척 시끄럽습니다. 말 없는 아이들이 거의 없는 것처럼 보입니다. 누구든 쉬는 시간 교실을 둘러보면 모두 외향적 아이들이 가득하다고 생각할 겁니다.

내향적 아이들조차 쉬는 시간에 크게 웃고 떠드는 이유는 친구들과 맘껏 쉬고 놀 수 있는 시간이 10분밖에 없기 때문입니다. 10분 안에 자

신의 감정을 펼치며 소모하기에 '뛰면서 떠드는 행위'만큼 효과적인 것이 없지요. 물론 그마저 위험하다는 이유로 제지당하기 일쑤입니다.

기본적으로 아이들의 에너지를 마음껏 펼치고 풀 수 있는 상황 및 환경이 매우 부족합니다. 코로나는 그 상황을 더욱 악화시켰고요.

보통 한 학급에 70퍼센트가 넘는 아이들이 내향적입니다. 많게는 80퍼센트 가까이 되기도 합니다. 적극적으로 표현하는 외향형에 비해 내향형 아이들은 몇 번씩 생각한 후에 표현합니다. 그러다 보면 해야 했던 말을 하지 못하고 나중에서야 후회하곤 합니다. 자신의 감정을 표출할 기회를 놓치고 조금씩 쌓아놓습니다. 그렇게 쌓아놓다가 폭발하듯 엉뚱한 상황에서 감정을 조절하지 못하는 일도 생깁니다. 그러면 모두 놀라지요. 말없이 조용한 줄로만 알았는데, 놀란 표정으로 생각하지요.

'저 아이한테 저런 면이 있었어?'

결국 이런 이유로 많은 내향형 아이들이 속으로 외향형 아이들을 부러워할 때가 많습니다. 내향적, 외향적 모두 각각의 장단점이 있지만, 아직 스스로 객관화하지 못하는 아이 입장에서는 자기표현을 잘하는 아이들을 부러워할 수밖에 없습니다. 심리검사를 하고 아이들과 이야기를 하다 보면 비슷한 고민을 이야기합니다. 대부분 말하지 못한 것에 대한 아쉬움입니다.

"민결이처럼 자기가 할 말을 다 하고 살았으면 좋겠어요. 저는 그게 잘 안 돼요. 답답해요."

"나중에 그때 말 못 한 게 후회돼요."

"막상 어떻게 말해야 할지 몰라서 당황했어요. 그러고 나면 화가 나요."

표현이 내향적이라고 해서 아이들의 마음 또한 고요하고 조용할 것이라고 생각해선 안 됩니다. 표출하지 않은 만큼 내면에 많은 에너지를 축적하고 있습니다. 그 에너지들은 어디론가 방출될 기회를 기다리고 있습니다. 이런 기회를 '글쓰기'에 활용하면 1석 3조의 효과를 얻을 수 있습니다. 글쓰기를 통해 자기감정을 표현하기 시작하면 이런 일들이 일어납니다.

첫째, 자기감정을 글로 표현함으로써 내면에 고인 감정을 표출할 수 있습니다. 이는 글을 통해 감정을 청소하는 효과가 있습니다.

둘째, 글을 쓰는 동안 감정에 대한 조절력을 기를 수 있습니다. 감정은 통제하는 것도 아니고, 무조건 표출하는 것도 아닙니다. 감정은 느끼면서 동시에 움직입니다. 움직임이 유연하게 이끌어줘야 합니다. 마치 물길을 터주듯 흐르게 해주는 것이 필요합니다. 그 과정을 글을 쓰면서 익히게 되는데, 이를 감정조절력이라고 부릅니다.

셋째, 감정을 글로 전환하면서, 무엇보다도 글쓰기가 자기 내면 성찰에 도움이 된다는 사실을 알게 됩니다. 즉, 글쓰기가 숙제나 과제가 아닌 자신의 삶에 필요한 부분임을 인식하게 됩니다.

학급에서 아이들이 제출한 글쓰기 과제를 읽다 보면 깜짝 놀랄 때가 있습니다. 평소 조용하고 말도 별로 없던 아이의 글 속에서 진짜 그 아이의 본모습이 드러날 때, '글쓰기는 마법이 아닐까?' 하는 생각이 들기도 합니다.

감정이 말로 표현되는 것보다 글을 통해 필터링될 때, 그 감정을 객관적으로 바라보게 됩니다. 감정이란 지극히 주관적인 영역입니다. 그것이 말이 되어 나타날 때는 대부분 감정이 주인이 되어 '자아'를 흔듭니다. 하지만 글로 표현해내는 순간만큼은 '자아'가 주인이 되어 감정을 바라보게 됩니다. 글쓰기는 감정이라는 '자아 관리'에 아주 좋은 방법이 됩니다.

감정을 글로 표현할 수 있도록 '감정 표현 노트(감정 노트)'를 만들어 주는 것도 좋습니다. 자신의 감정을 떠올리고 '글'로 표현하는 노트입니다. 보통 일기장이 이런 기능을 맡습니다. 하지만 일기장과의 차이점은 '감정 노트'에서는 일상을 묘사할 필요가 없다는 겁니다. 현재 자신의 감정에 집중해서 글로 표현합니다.

'감정 노트'를 사용할 때, 저학년이라면 간단한 단어와 함께 그림을 섞어서 표현하게 합니다. 예를 들어, '화가 났다'라고 적고 얼굴 표정으로 그림을 묘사하지요. 그렇게 쓰고 그림으로 묘사하면서 자신의 화난 감정을 '조절'하는 시간을 갖게 됩니다. 감정은 일단 표출되는 순간 해소감을 안겨줍니다. 글을 씀으로써 그 해소감을 경험했을 때, 계속 글을 쓰고 싶다는 욕구가 형성됩니다. 그러한 욕구가 반복되어 해소될 때, 글쓰기는 기분 좋은 생활 습관이 됩니다.

고학년이라면 부모의 개입을 최소한으로 합니다. 자신의 감정마저 어떤 방향성을 갖고 적게 하려는 의도 자체가 감정 노트를 쓰는 동기를 낮춥니다. 사춘기 고학년 아이들의 감정 노트에 쓴 내용을 어떤 윤리적 판단이나 교육적 훈계의 도구로 사용하면, 감정 노트의 기능을 상실합니다. 감정을 풀어놓는 그런 정도면 충분합니다. 아주 안전한 감정 풀기

도구로 활용될 때, 글쓰기를 통한 자기조절 및 감정객관화를 이룰 수 있습니다. 감정 노트를 통해 지극히 주관적인 감정의 흐름을 마음껏 적도록 하는 것이 우선입니다.

막상 감정을 글로 표현하라고 하면 어떻게, 무엇을 쓸지 모르는 아이가 있습니다. 답답한 마음에 글쓰기를 압박하면 감정 글쓰기가 안 됩니다. 감정 글쓰기는 최소한 자기감정을 스스로 읽을 환경을 만들어주는 것이 우선입니다. 또 다양한 감정에 대한 간접경험이 중요합니다. 동화 또는 소설 속 다양한 인물들의 복잡한 심리 묘사 및 갈등이 내재된 이야기를 많이 읽을수록 도움이 됩니다. 쓰기는 항상 읽기와 밀접한 관련이 있습니다. 감정 글쓰기도 마찬가지입니다.

우리 아이들이 자신의 감정을 글쓰기를 통해 온전히 자기 것으로 충분히 누리길 바랍니다.

자기 객관화와
정서 표현력을 강화하는
학년별 '일기 쓰기' 노하우

"일기는 나를 사랑하는 하나의 방법이다."

김형석, 《백세일기》

초등 시절 방학이 끝날 즈음, 밀린 일기 때문에 고생했던 기억이 모두 있을 겁니다. 몰아서 쓰느라 기억나지 않는 일들을 상상해서 적었던 일도 있을 겁니다. 방학뿐 아니라 학기 중 선생님에게 일기장을 검사받았던 기억들도 있을 겁니다. 담임 선생님들이 빨간 볼펜, 파란 볼펜으로 틀린 글씨를 고쳐주거나 몇 글자 적어주시기도 했지요.

2004년, 국가인권위원회에서 학교에서의 일기장 검사를 '인권 침해'라고 정의한 후 학교에서 일기 쓰기에 대한 교육이 많이 위축되었습니다. 아이가 자신의 감정을 솔직히 적기 힘들고, 특히 아이의 사생활을 지켜주기 위한 조치였지만, 아쉬운 점이 있는 것도 사실입니다.

글쓰기 측면에서만 보면 일기는 분명 도움이 됩니다. 일기 속에는 글쓰기에 필요한 여러 요소가 있고, 꽤 자유롭게 사용될 수 있기 때문입니다. 일기가 글쓰기에 어떤 도움이 되는지 나열해보면 생각보다 많습니다.

첫째, 상황을 객관적으로 정리하는 능력이 생깁니다. 여기서 객관적으로 정리할 수 있다는 것은 육하원칙을 자연스럽게 서술할 수 있다는 의미입니다. 일기의 기본 형태 자체가 언제, 어디서, 누가, 무엇을, 어떻게, 왜 했는지 글로 적을 수 있는 구조입니다.

초등 저학년 아이들의 사고과정은 '자기중심적'입니다. 자기중심적이라는 것은 다른 사람도 자신과 똑같은 생각을 하고 있다고 여긴다는 뜻입니다. 그래서 말로 하는 설명이든 글로 쓰는 설명이든 내용이 짧습니다. 굳이 상세히 알려주지 않아도 됩니다. 왜냐하면 상대방도 내가 알고 있는 것을 당연히 알고 있다고 여기기 때문입니다. 그래서 학교 놀이터에서 놀다가 속상한 일이 생기면 이렇게 말합니다.

"나빠요."

누가, 무엇을, 어디서, 어떻게 했는지 담임 선생님이 찬찬히 물어봐야 하나씩 대답합니다.

일기 쓰기는 자기중심적 사고를 하는 아이들에게 객관적으로 상황을 정리하고 서술하는 능력을 갖추게 합니다. 그런 과정을 거쳐서 아이 자신도 자기중심성에서 서서히 벗어나 상황을 객관적으로 보게 되는 시각을 갖게 됩니다. 상황을 객관적으로 파악하고 정리하면서 동시에 자기중심적 사고에서 벗어나는 효과를 얻는 것이지요.

두 번째, 정서 표현력이 발달합니다. 일기는 육하원칙의 객관적 상황뿐 아니라 그 상황 속에 놓인 자신의 심적 변화를 묘사합니다. 처음에는 단순한 감정 표현부터 시작되지요.

"오늘 내가 갖고 싶은 선물을 받아서 기분이 좋았다."

"운동회날 달리기 시합에서 넘어져서 속상했다."

이렇게 좋고 싫음의 감정 표현으로 시작합니다. 그리고 학년이 올라가고 성장하면서 복잡한 감정들도 표현하기 시작합니다.

"친구와 다투었는데 다투고 나면 후련할 줄 알았지만 오히려 왠지 마음이 더 무겁다."

"내일 소풍 가는 날인데 기쁘지 않다. 나만 버스에서 혼자 앉아 갈 것 같은 마음에 두렵다."

일기를 통해서 표출된 정서적 표현들은 글쓰기 능력을 향상시킬 뿐 아니라 본인의 심리적 상태를 바라보는 좋은 도구가 됩니다. 자신의 감정을 글로 적기 위해서는 먼저 감정 상태를 살펴보아야 하고, 살펴본 상태를 느낌으로 받아들여야 하고, 그 느낌에 맞는 적절한 표현을 찾아야 합니다. 그 과정 자체가 자신의 감정을 스스로 파악하는 일종의 메타 감정 역할을 하게 됩니다.

세 번째, 글쓰기 근력을 기를 수 있게 됩니다. 글쓰기 근력이란 지속해서 글을 쓰는 능력을 말합니다. 매일 일정한 시간에 무언가를 한다는 것 자체가 '근면성'을 보여줍니다. 매일 적은 양의 글이라도 꾸준히 쓰는 과정은 글에 대한 '근면성'을 갖게 합니다.

교실에서 몇 가지 주제를 주고 글을 쓰라고 하면 금방 글쓰기를 시작하는 아이들이 있습니다. 반면 어떤 아이는 30분이 다 되도록 첫 문장을 시작하지도 못합니다. 옆에서 주제에 대해 친절하게 설명해줘도 첫 줄을 채우는 데 힘들어합니다. 이유는 간단합니다. 평소 글을 써오지 않았기 때문에 글쓰기에 대한 근력이 거의 없는 상태이기 때문입니다. 다리에 근육이 거의 없는 상태인 사람에게 걷기를 아무리 설명해줘도 걷기 어려운 것과 비슷합니다.

글은 평소에 꾸준히 쓰던 사람들에게는 그냥 걷는 것처럼 자연스럽습니다. 그렇지 않은 사람들에게는 갑자기 외국어로 말하라고 하는 것처럼 어려운 일입니다. 일기는 그러한 글쓰기 근력을 키우는 데 아주 좋은 방식이 됩니다.

이 밖에도 일기 쓰기가 글쓰기에 도움이 되는 이유는 많습니다. 그렇다면 어떻게 우리 아이에게 일기 쓰기를 진행하면 될까요?

예전처럼 매일매일 있었던 일들 위주의 일기는 피해야 합니다. 특히 5~6학년 정도의 고학년 아이들에게 일상생활에 대한 기록은 일주일에

한 번 또는 두 번 정도면 됩니다. 일상 기록 2일, 상상 이야기 2일, 시사 뉴스 중 관심이 가는 내용 2일, 학습 관련 내용 1일, 이렇게 구분하여 일기를 쓰게 합니다. 거의 매일 무언가를 기록하지만 꼭 일상의 일만 쓰는 것이 아니지요. 상상하는 이야기의 줄거리도 써보고, 관심 가는 뉴스 내용도 적고, 그밖에 동시 또는 여행 기록처럼 써도 됩니다. 일기의 개념을 일상의 기록을 넘어 무언가를 꾸준히 쓰는 일로 확대하는 것이지요.

이제 막 일기 쓰기를 시작하는 1~2학년은 일상의 이야기를 더 많이 쓰는 것이 좋습니다. 아직 다양한 소재들을 찾거나 시사적인 주제가 어렵기 때문입니다. 일상 기록 4일, 동화책 주인공 이야기 2일, 상상 이야기 1일 정도로 배분하면 적당합니다.

일기를 검사하는 것은 아이의 사생활 보호를 위해 지양해야 한다는 의견도 있습니다. 그런데 보호자 입장에서 꼭 그 원칙을 있는 그대로 지킬 필요는 없습니다. 글쓰기 관점에서 보았을 때 아이의 일기장 내용을 토대로 서로 대화를 나눌 수도 있습니다. 또 어떤 아이들은 자신의 일기장을 통해 대화를 시도합니다. 엄마 아빠가 나의 일기장에 관심 가져주기를 바라기도 합니다. 검사가 아닌 관심으로 여겨지기도 합니다.

여기서 말하고 싶은 주된 내용은 간단합니다. 일기 쓰기는 아이들의 글쓰기 능력에 도움이 됩니다. 자녀의 상황에 따라 적절하게 구성하여 활용하시기 바랍니다.

초등학생의 블로그 활동은 글쓰기에 도움이 될까?

글쓰기에 어느 정도 익숙해진 초등학생이라면 블로그 글쓰기가 도움이 됩니다. 글쓰기 과제를 내줄 때 아이들이 종종 물어봅니다.

"선생님, 컴퓨터로 해도 돼요?"

저는 해도 된다고 합니다. 글감이 있고, 이야기가 떠오르는데 연필로 공책에 글을 쓰면 그 속도가 느립니다. 연필로 쓰기가 생각의 속도를 따라오지 못합니다. 또 몇 번 쓰고 지우고를 반복하다 보면 글을 쓰는 과정이 아니라 글씨 쓰는 작업이 됩니다.

이미 많은 아이들이 스마트폰을 가지고 있습니다. 친구들과 SNS를 하면서 스마트폰으로도 상당히 빨리 글을 적습니다. 이 아이들이 블로그에 자신만의 방을 만들고 일상에서의 일들을 글로 남기는 일은 그리 어렵지 않습니다. 더구나 사진도 찍어 함께 올릴 수 있습니다. 블로그 글쓰기의 좋은 점은 가끔 쓰는 글이라도 계속 축적해나갈 수 있다는 점입니다.

아이들이 공책에 몇 번 글을 쓰다가 시들해지고 마는 경우가 많습니다. 그러면 그 글은 공책과 함께 사라집니다. 하지만 블로그에 남겨놓는 글은 몇 개월 후, 몇 년 후에도 그대로 남아 있습니다.

글쓰기는 짧은 시간에 이루어지는 것이 아닙니다. 긴 시간 동안 써 내려간 글자 수들이 어느 정도 압축되고 응축되어야 자신만의 글쓰기 근육이 자리 잡게 됩니다.

글쓰기에 어느 정도 익숙해진 초등 고학년 아이들이라면 블로그에 자신만의 방을 만들어놓는 것을 추천합니다. 몇 년 뒤, 몇 년 전 자신의 글을 보면서 스스로 얼마나 성장해왔는지도 되돌아볼 수 있습니다. 글쓰기는 어떤 글이든 블로그에 남겨놓는 순간 자신의 역사가 됩니다.

아이들에게 언제든 꺼내 볼 수 있는 자신의 역사를 남겨놓는 일은 글쓰기 능력뿐 아니라 자기 성찰에도 아주 좋은 과정이 됩니다.

초등 글쓰기
STEP4

우리 아이 글쓰기 분량을
늘리는 피드백 원칙

글쓰기를 잘하는
아이들은
하루에 얼마나 쓸까?

"아이들을 이렇게 변화시킨 선생님만의 비법이 있나요?"
아이들을 가르치며 해왔던 수많은 노력을 과연 '비법'이란 두 글자로
답할 수 있을까, 잠시 망설였지만 답은 오래전에 정해져 있었습니다.
"독서와 공책 정리(글쓰기)입니다."

김성효, 《초등공부, 독서로 시작해 글쓰기로 끝내라》

어느 정도의 글쓰기를 지속적으로 하면 아이의 글쓰기 실력이 좋아질
까요? 어느 정도의 분량으로 글쓰기를 꾸준히 하면 아이의 글쓰기 실
력이 출중해질까요?

부모님들은 자녀의 글쓰기 실력이 나아지길 바라면서, 글쓰기 습관
을 들이기 위한 하루 분량에 대해 많이들 문의하십니다.

"매일 10분씩 꾸준히 쓰면 될까요?"

"매일 세 문장씩 꾸준히 적게 하면 될까요?"

쓰지 않는 것보다 일단 적은 분량이라도 꾸준히 쓰는 것은 분명 도움이 됩니다. 그러나 정말 글을 잘 쓴다는 인상을 받을 정도가 되기에는 부족한 분량입니다. 실제로 글을 잘 쓰는 아이들을 보면 글을 쓸 때 10분에 끝내지 않습니다. 단 세 문장으로 끝내지도 않습니다. 글쓰기에 투자하는 시간과 분량을 최소한으로 하면서 실력은 월등히 높아질 것으로 기대하는 건, 기대 이상의 효율성을 요구하는 것과 다르지 않습니다.

잠시 시간 날 때 쓰는 것만으로는 좋은 글을 쓰기 어렵습니다. 글을 쓸 때는 충분히 시간을 줘야 합니다. 그리고 그 시간 동안 많은 생각을 할 수 있게 기다려주어야 합니다. 10분 정도의 짧은 시간은 글을 쓰게 하기보다 평소 좋아하는 책을 읽거나, 글의 소재 혹은 떠오른 아이디어를 적는 정도로 활용합니다.

아이가 독서량도 충분하고, 덕분에 사유에 필요한 충분한 어휘력도 갖추었고, 생각한 바를 정리할 수 있는 논리력을 갖추었다면, 떠오르는 아이디어를 더욱 확대하고 상상력을 꺼내 쓰는 데 능숙하다면, 남은 건

오랜 시간 글을 써보는 겁니다. 그리고 많은 양의 글을 써보는 겁니다. 만약 여기에서 부족한 느낌이 있다고 여겨진다면 글쓰기 분량을 늘리기보다 독서량과 토론 및 서로 이야기를 나누는 시간을 늘리는 것이 좋습니다.

하루에 10분씩, 서너 문장씩 꾸준히 쓰는 것으로 글쓰기가 일취월장할 순 없습니다. 하루에 10분씩 영어 공부하고 영어 실력이 늘어날 수 있을까요? 하루 세 문제씩만 풀고 수학 시험을 잘 볼 수 있을까요? 글쓰기도 마찬가지입니다. 짧은 분량과 짧은 시간을 투자하면 그 상황만큼만 유지되거나 서서히 상승합니다. 그러다 재미없다는 이유로 또 한두 번 쓰지 않고 지나가면서 흐지부지 끝나기 쉽습니다. 글쓰기를 짧게 끊어서 하기보다는 푹 빠져서 하는 기회를 자주 갖는 것이 좋습니다.

그래도 글쓰기 실력이 늘어가는 것을 눈으로 확인하고 싶다면, 권장하는 하루 기준은 다음과 같습니다. 초등 5~6학년 기준으로 글을 잘 쓰는 아이들의 평소 글쓰기 분량입니다.

1. 일주일 5회 이상, 1회에 최소 30분~1시간 정도 글쓰기
2. 한 번 글쓰기 시작하면 최소 1쪽 분량 글쓰기

이런 글쓰기가 가능하려면 매일 적절한 주제를 주어야 합니다. 일기 쓰듯 매일 쓰라고 하면 되지 않을까 쉽게 생각하면 안 됩니다. 아이들이 일기를 쓰면서 가장 힘들어하는 것은 똑같은 생활에 새로운 것을 쓸 내용이 없는 상황입니다. 글을 쓰는 것을 두려워하지 않는 아이들도 글쓰기 소재가 없는 상황에서는 글쓰기를 무척 힘들어합니다. 엄밀히 말하면 글쓰기가 힘든 것이 아니라 글쓰기 주제가 없는 것이 힘든 것이지요.

주제도 없이 글을 쓰라고 하면 매일 쓰기가 어렵습니다. 이 책의 후반부에 초등학생들을 위한 글쓰기 주제들을 정리해놓았습니다. 그 주제들을 활용해서 하루 기준에 적합한 분량을 6개월 정도 지속하면 글쓰기 실력이 눈에 띄게 향상될 겁니다. 아직 글쓰기 실력을 높이기보다는 독서와 토론이 필요하다면 제시된 글쓰기 주제들을 가지고 대화 및 토론의 과정을 거쳐도 좋습니다.

하지만 유의할 사항이 있습니다. 하나의 주제로 무조건 한 쪽 분량을 채울 필요는 없습니다. 어떤 주제는 공책 반쪽 분량으로 끝날 수 있습니다. 또 어떤 주제는 한 쪽으로는 부족하고 3~4쪽까지 넘어가는 이야기가 될 수 있습니다. 하나의 주제 관련 이야기를 한 쪽으로 한정할 필요는 없다는 의미입니다.

하나의 주제로 한 쪽이 채워지지 않으면 거기서 끝냅니다. 그리고 다른 주제를 주고 또 시작하면 됩니다. 그렇게 해서 최소 하루 한 쪽을 채웁니다. 하나의 주제로 한 쪽이 넘어가면 다음 날 계속 이어서 또 같은 주제 내용으로 쓰면 됩니다.

최소 한 쪽 분량을 15분 만에 끝내는 아이도 있습니다. 이 아이는 최소 분량은 채웠으나 최소 시간은 채우지 못했습니다. 그렇다면 남은 15분을 새로운 주제로 더 쓰도록 합니다. 한 쪽 분량을 15분 만에 끝내는 아이들은 대부분 빨리 끝내고 놀고 싶다는 강한 의지의 반영일 수 있습니다. 이런 아이는 한 쪽의 분량을 채웠지만 글쓰기 실력이 잘 늘지 않습니다. 글쓰기 시간 역시 채워야 하는 이유는 충분히 생각할 시간이 필요하기 때문입니다.

글쓰기는 생각을 곱씹는 과정이 포함될 때 좋은 글이 나옵니다. 생각하고 싶지 않고 빨리 끝내려 한다면 생각의 깊이가 부족해집니다. 결국 빨리 분량을 채운다고 끝나는 것이 아니라 시간까지 충분히 채워야 한다는 것을 인식했을 때, 정해진 시간 동안 충분히 고민하는 모습을 보이게 됩니다.

글쓰기는 보고 베끼는 것이 아닙니다. 생각하고, 그 생각을 꺼내는 과정입니다. 두 가지를 충분히 해야 글쓰기 실력이 늡니다. 생각하는 과정에서는 시간이 필요합니다. 생각을 꺼내는 과정에서는 원고량이 필요합니다. 둘 다 함께 충분히 유지하는 패턴을 갖게 하는 것이 좋습니다.

상상력이 뛰어나고, 입담이 좋고, 논리력이 뛰어나도 막상 글로 전개하는 과정에는 또 다른 능력이 요구됩니다. 그 능력은 시간을 갖고 분량을 채우는 글쓰기를 통해 성장합니다. 글을 잘 쓰는 사람들은 천재라기보다는 많은 글을 써본 사람일 경우가 더 많습니다.

초등 글쓰기 첫 번째 단계: '짧은 문장'으로 시작한다

"짧은 문장으로도 영리하고 흥미롭고 치밀하게
생각을 펼칠 수 있습니다."

벌린 클링켄보그, 《짧게 잘 쓰는 법》

아이들의 글이 힘을 갖는 건 그들이 짧은 글을 쓸 수 있기 때문입니다. 아이들의 글을 읽으며 웃을 수 있는 이유는 짧은 글만으로도 그 아이가 보이기 때문입니다. 아이들의 글이 감동을 주는 건 짧은 한마디에 자신의 감정을 있는 그대로 보여주기 때문입니다. 짧을수록 진솔함이 배가 됩니다.

교장 선생님의 훈화 말씀이 재미없는 건 그분들이 짧게 말할 수 없기 때문입니다. 교장 선생님의 훈화 말씀 중에 아이들이 웃을 수 없는 이유는 긴 훈화 속에 교장 선생님이 보이지 않기 때문입니다. 교장 선생님의 훈화 말씀이 감동적이지 않은 이유는 긴 문장 속에 감정들이 감춰져 있기 때문입니다. 훈화 말씀 중에 짧은 말 한마디로 아이들을 웃기는 그런 교장 선생님을 한 번이라도 뵙는 것이 제 소원입니다.

부모님의 학창 시절을 떠올려보겠습니다. 초등학교, 중학교, 고등학교를 지나는 동안 최소 한 달에 한 번 정도 학교 조회를 했다고 가정하겠습니다. 방학 3개월 정도 빼면 1년에 아홉 번입니다. 12년 동안 100번이 넘는 훈화 말씀을 들었습니다. 기억에 남는, 내 인생에 변화를 가져온 훈화가 있었나요? 제 기억에 딱 한 분 계십니다. 길게 훈화를 하시다가 정말 짧게 한마디 하셨지요.

"거기 떠든 놈 나와!"

짧지만 강렬하고 진솔하지요. 그때 떠들고 있던 놈이 바로 저였습니다. 순간 겁먹은 채 운동장 강단 앞으로 나가려는데, 다른 반 떠든 아이가 먼저 뛰어나가 혼이 났지요. 정말 강렬한 문장임에 틀림 없습니다. 꽤 많은 아이가 그 한 마디에 동시에 겁을 먹고 앞으로 나가려 했으니까요. 그 짧은 문장 말고는 기억에 남는 훈화 말씀은 없습니다.

전 세계 사람들이 기억하는 짧은 연설 문장이 있습니다. 그것도 2005년, 벌써 잊혀졌을 법한 연설이지만 아직도 많은 사람이 '스티브 잡스'를 떠올리면서 기억합니다.

"Stay hungry, stay foolish"

왜 누구의 말은 짧지만 강렬하게 세계 사람들의 기억 속에 남고, 왜 누구의 말은 길지만 바람처럼 흩어져버릴까요?

글의 무게감과 진솔함은 문장의 길이에서 나오지 않습니다. 한 문장이 가슴을 파고들고, 한 문장이 삶을 변화시킵니다.

글을 길고 장황하게 쓰는 아이들이 있습니다. 일단 문장이 길어야 잘 쓴다고 생각합니다. 그리고 칭찬을 기대합니다. 인물의 감정을 있는 그대로 표현하지 않고 과장하거나 미사여구를 넣어가며 꾸미는 데 집중하는 아이도 있습니다. 마치 옷 위에 다양한 리본과 액세서리를 주렁주렁 단 듯한 인상의 글을 잘 쓰는 것으로 생각하기도 합니다.

안타깝지만 그렇게 문장을 길게 하고, 표현을 과장하고, 미사여구를 사용하기 시작하면 좋은 글을 쓰기 점점 더 어려워집니다. 글을 쓰면서 자기 자신을 속이게 됩니다. 글 속에 자신이 드러나야 하는데, 글 속에 자신의 경험과 생각과 감정은 없고 '가면'만 잔뜩 들어갑니다.

미사여구까지는 아니더라도 모범 어린이의 전형 같은 글쓰기도 마찬가지입니다. '착한 아이가 되어야 하는' 글쓰기 또한 좋은 글쓰기와 점점 더 거리가 멀어집니다. 글을 쓰면 쓸수록 자신만의 사고를 하지 않고 당위성만 쫓아갑니다. 그 아이들의 글을 읽고 있으면 국민교육헌장을 읽고 있는 기분이 듭니다.

이처럼 좋지 않은 글들의 출발점은 '문장을 길게 쓰려는 것'에서 시작됩니다. 초등 저학년 시기 아이들이 읽어야 할 좋은 동화책을 충분히 읽지 않은 아이들에게서 그런 경향이 보입니다. 충분한 독서를 건너뛴 채, 교과서 형태의 문장을 읽고, 문제집의 정리된 문장들을 흉내내어 글쓰기를 시작하는 아이들은 글이 길어집니다. 그리고 생동감이 없습니다.

신문을 활용한 글쓰기교육도 마찬가지입니다. 신문을 읽고 관련 내용에 대한 글쓰기를 할 때 유독 그런 모습이 두드러집니다. 신문을 활용한 글쓰기는 고학년 아이 중에 다양한 글쓰기가 가능한 아이들이 했을 때 효과가 좋습니다. 아직 감정 표현조차 서투른 아이들에게 신문 활용 글쓰기교육은 숨 쉬지 않는 글을 길게 나열하는 기술만 알게 합니다.

신문을 활용한 교육을 제대로 하려면 신문에 나온 기사를 읽고 관련된 자료를 충분히 조사하는 과정이 포함되어야 합니다. 방대한 자료들을 찾고, 필요한 부분을 정리하고 압축해서 글 쓰는 이의 의견이 펼쳐질 때, 주장하는 글 혹은 논평의 글이 살아 있게 됩니다.

문장과 문장을 길게 연결하여 쓸 필요는 없습니다. 짧은 문장 여러 개를 적어도 됩니다. 초등학생이 쓴 짧은 소설 쓰기 과제의 한 문장입니다.

'낸시는 바람이 부는 언덕에 힘들게 올라가다 숨이 차서 바닥에 쓰러졌다.'

이런 글을 읽으면 읽다가 숨이 차서 쓰러질 것 같습니다. 아이들의 글을 자주 끊어주어도 됩니다. 너무 짧다 싶을 정도로 끊어주어도 됩니다. 글을 자꾸 길게 늘여 쓰려는 습관이 잡히면 나중에 고치기가 어렵습니다.

'바람이 분다. 낸시는 언덕에 힘들게 올라갔다. 숨이 차다. 바닥에 쓰러져버렸다.'

짧은 글은 상상이 쉽습니다. 상상이 쉬우면 읽는 이에게 잘 전달됩니다. 글을 읽는 사람으로 하여금 그 글을 해석하게 할수록 좋지 않은 글입니다. 읽으면서 바로 해석될수록 좋습니다. 읽으면서 그 무게감이 바로 전달되는 글이 생명력을 갖습니다. 그런 글들은 주로 짧습니다.

"거기 떠든 놈 나와!"

35년이 지난 지금도 그 순간이 생생합니다.

초등 글쓰기 레벨업:
육하원칙만 잘 지켜도
공책 한쪽을 채운다

"구체적으로 표현할 줄 알면
글쓰기 비법의 반은 터득한 것이나 다름없습니다."

이강룡, 《글쓰기 기본기》

요즘에는 학원에 다니지 않는 아이들이 거의 없습니다. 특히 맞벌이 부모의 경우 학원을 보내지 않고서 아이들을 돌볼 방법이 없습니다. 결국 아이들은 방과후에 학원에서 대부분의 시간을 보냅니다. 그중 많은 아이가 수학 및 영어 선행학습을 학원을 통해 진행합니다. '월-수-금 수학', '화-목 영어' 또는 '월-수-금 영어', '화-목 수학' 정도의 스케줄을 소화합니다. 이 정도만 다녀도 아주 양호한 편이지요.

주말에도 학원에 나가는 아이들이 많습니다. 그렇게 학원을 다녀와서 학교 숙제 및 학원 숙제를 하고 나면 남는 시간이 별로 없습니다. 아이들이 글쓰기를 위해 따로 시간을 내는 일은 쉽지 않습니다. 글쓰기 실력이 늘지 않는 이유는 글쓰기 시간이 부족하기 때문인 경우도 많습니다.

사립초등학교에 다니는 아이들 중에는 초등 6학년을 졸업하면서 이미 수능 영어 실력을 갖춘 아이들도 있습니다. 대부분 중학교 영어 정도는 끝낸 상태로 상급 학교에 진학합니다. 영어는 기본 문장에만 익숙해지면 꾸준한 영어책 읽기를 통해 어휘를 습득하기만 해도 실력이 늡니다. 그래서 수학보다 선행 속도가 빠릅니다. 또 영어책 읽기라는 즐거움이 있습니다. 한 번 영어책 읽기에 빠진 아이는 혼자서도 수학보다 훨씬 더 즐겁게 실력을 늘립니다.

수학의 경우 선행이 빠르게 진행되어도 실력이 축적되는 속도가 더딥니다. 초등 6학년 때 중학교 수학까지 마친 경우라도, 막상 초등 수학 문제를 풀 때 실수하는 아이들을 제법 봅니다. 일단 수학 문제를 보면 빠르게 풀려고 접근하기 때문에 즐겁지 않습니다. 여유가 없고 긴박감이

나 압박감을 느낍니다. 수학적 사고는 너무 앞선 선행보다 문제를 생각하면서 푸는 과정을 충분히 누리는 시간을 주어야 깊어집니다. 그래야 수학이 재미있어집니다. 많은 수학 문제를 빨리 풀어야 즐거워지는 것이 아닙니다. 많은 시간을 문제에 대해 고민하고 사고해야 즐거워집니다.

글쓰기를 영어와 수학 학습과 비교했을 때, 글쓰기 연습은 영어보다는 수학 공부에 더 가깝습니다. 수학은 개념을 명확히 인지하고 있어야 점점 더 깊이 있는 사고과정으로 들어갈 수 있습니다. 글쓰기도 어휘 하나하나의 정확한 사용에 익숙해질 때 적절한 단어들을 사용하여 글이 매끄럽게 진행됩니다.

정말 수학을 좋아하고 잘하는 아이들은 한 문제를 푸는 데 걸리는 시간을 아까워하지 않습니다. 또 빠르게 풀려고도 하지 않습니다. 다양한 방법으로 풀기 위해 고민하고 자기도 모르게 빠져 있습니다.

글을 잘 쓰는 아이들도 수학을 좋아하는 아이들과 비슷합니다. 이야기를 빨리 만들려 하지 않습니다. 다양한 캐릭터를 구상하고, 사건도 만들고, 글 속 이야기의 환경도 떠올립니다. 글쓰기 직전 상상이 즐겁습니다. 평소 충분한 상상을 통해 다양한 변화를 시도합니다. 글 속에서는 얼마든지 다양한 변화가 가능합니다. 그 변화는 동시에 이야기에서 펼쳐질 다양한 변수들에 영향을 주기 때문에 꼬리에 꼬리를 무는 사고과정이 지속됩니다. 그 과정 안에 머물 때 행복감을 느낍니다.

따라서 글쓰기는 수학처럼 무리한 선행을 하지 않는 것이 좋습니다. 수학이나 영어처럼 학원에 다니지 않아도, 혼자 책을 읽고 조금씩 쓰기를 꾸준히 했던 아이들은 제법 글쓰기를 잘합니다. 그 아이들은 꾸준한 독서를 통해 다양한 글감과 기본 어휘력을 갖추어 자기도 모르게 글을 쓰는 사고력을 갖춥니다.

그렇다고 그들의 문장 실력이 탁월하다는 것은 아닙니다. 오히려 단순합니다. 대부분 여섯 가지 기본을 충분히 활용할 뿐입니다. 그런데도 그 아이들의 글이 살아 있습니다. 그 여섯 가지 기본은 바로 '육하원칙'입니다.

글을 쓰라고 했을 때, 바로 글쓰기를 시작하는 아이들은 자기도 모르게 '누가', '언제', '어디서', '무엇을', '어떻게,' '왜' 했는지를 떠올립니다. 그것만으로도 기본으로 여섯 줄은 채워집니다. 그 과정에서 자신의 '느낌', '감정'을 추가하면 금방 열 줄이 넘어갑니다. 이렇게 짧은 열 줄을 바탕으로 또다시 육하원칙과 자신의 감정을 첨가하면서 새로운 문단을 만들어갑니다. 그 아이들에게 긴 글이란 그저 육하원칙에 충실한 짧은 문단을 계속 여러 개 연결하여 붙이기만 하면 됩니다. 그 과정 중에 등장인물이 바뀌고 배경이 바뀌고 사건이 바뀔 뿐입니다.

아이들의 글을 볼 때, 틀린 글자를 찾지 말고 육하원칙 중에 빠진 것이 무엇인지부터 찾아보고 조언해주는 것이 좋습니다.

"주인공이 고양이구나. 이름이 블랙이네. 그런데 블랙이는 쥐를 쫓아갔다고 했는데 왜 쫓아간 거야?"
"블랙이가 쥐를 쫓아가다 길을 잃어버렸다고 했는데, 나중에 어떻게 다시 집에 돌아온 거야?"

이렇게 글 속에서 아이들이 표현하지 못한 육하원칙의 요소들을 적절히 피드백합니다. 아이들은 글을 쓰기 전에 이미 상당 부분 이미지를 머릿속에 그려놓은 상황입니다. 그래서 왜, 어떻게, 어디서, 언제 그런 상황이 벌어졌는지 자신은 사진을 보듯이 알고 있습니다. 자신은 알고 있기 때문에 글 속에서 모든 것들을 친절히 설명하려 하지 않고 문장이 짧게 끝납니다. 그 글을 읽는 독자가 타인이라는 것을 고려하지 못합니다. 자기가 쓰고 자기가 읽기 때문에 이해 안 되는 부분이 없지요. 이때 육하원칙의 기본 요소를 상기시켜주면 아이들은 글을 쓰면서 그러한 요소들을 채워 넣어야 읽는 사람이 글을 쓴 자신의 생각대로 읽을 수 있다는 것을 알게 됩니다. 중간중간에 감정이나 느낌을 표현해주면 더 없이 준수한 글이 완성됩니다.

글쓰기에는 선행 학습이 필요 없습니다. 기본 학습의 반복입니다. 수학에서 덧셈, 뺄셈, 곱셈, 나눗셈의 사칙연산이 기본이라면, 글쓰기에서는 육하원칙이 기본입니다. 그것만 충실해도 공책 반쪽 분량의 글은 금방 만들어집니다. 그만큼 두 번 적으면 한 쪽이 되고 네 번 적으면 두 쪽이 됩니다.

일단 아이의 글쓰기 분량을 공책 반쪽으로 금방 늘려주고 싶다면 육하원칙을 살펴봐주시기 바랍니다. 본인이 지닌 어휘 수가 적어도, 초등학생 정도의 대화를 할 수 있다면 육하원칙을 접목한 글쓰기를 할 수 있습니다.

초등 글쓰기 최종 단계:
'공책 한 권 채우기'

이런 글쓰기를 할 때는 재미있습니다.

1. 세상에 없는 이야기를 상상해서 쓸 때

2. 내가 쓰고 싶은 이야기를 쓸 때

3. 재미있는 주제로 글을 쓸 때

박재찬, 《상상력을 키워주는 하루 한 장 초등 글쓰기》

조정래 작가의 《황홀한 글감옥》이라는 자전 에세이가 있습니다. 문학의 길을 가려는 젊은 작가들을 위한 글이라고 작가는 말합니다. 자신의 긴 소설들을 몇 번씩 읽었다는 독자들에게 감사하면서도 동시에 정작 본인은 자신의 저서 《태백산맥》을 한 번도 통독하지 못했다고 밝힙니다. 소설을 쉬지 않고 쓴 연유도 있지만 글을 쓸 때의 '그 끔찍스러운 고통'이 되살아나 책을 읽기 어려웠다고 합니다. 수십 권인 책의 큰 줄기를 잡아가며 하나의 긴 호흡으로 만들어나가는 여정이 얼마나 고되고 힘든지를 잘 표현해줍니다.

그런데 이렇듯 어려운 긴 호흡 글쓰기를 어렵지 않게 접근하는 아이들이 있습니다. 물론 여기서 말하는 긴 호흡은 전업 작가의 글쓰기와는 차이가 있습니다. 그래도 즐겁게 해내는 아이들이 있습니다. 그 아이들에 대한 이야기를 잠깐 해보겠습니다.

글쓰기 근육이 어느 정도 붙은 아이에게는 '긴 호흡'의 글쓰기를 권합니다. 여기서 '긴 호흡'이란 쉽게 표현해서 장편의 글을 쓸 수 있는 여력을 말합니다. 일반 작가들에게 '긴 호흡'이란 보통 장편 소설을 말합니다. 정말 '긴 호흡'의 글을 예로 들 때는 10~20권 정도 분량의 소설을 의미하기도 합니다.

여기서 말하는 초등학생을 대상으로 하는 '긴 호흡'이란 초등학생 공책으로 한 권 이상의 이야기가 펼쳐지는 분량을 말합니다. 하나의 이야기가 공책 한 권 분량으로 채워질 만큼의 글쓰기가 초등학생들에게 가능할지에 대한 의문이 들 수 있습니다. 하지만 가능합니다. 서두에서 언급한 대로 '글쓰기 근육'이 어느 정도 붙은 아이들이라면 충분히 할 수 있습니다. 그럼 이런 의문이 들 겁니다.

"글쓰기 근육이 어느 정도 붙어야 '긴 호흡' 글쓰기를 시작할 수 있나요?"

초등학생 공책으로 한 쪽을 가득 채우는 분량의 이야기를 어려움 없이 써 내려가는 아이라면 '긴 호흡' 글쓰기를 시작해도 됩니다. 초등학생의 글짓기 숙제 또는 글짓기 대회를 보면 초등 중학년 이상이라면 원고지 10매 내외 정도 분량을 정해줍니다. 하지만 그 이상의 분량의 글을 써 보는 기회는 주지 않고 있습니다. 그래서 아이들이 더 긴 호흡으로 글을 쓸 수 있음에도 자신의 글쓰기 호흡을 공책 한두 쪽 정도로 한정 짓게 됩니다. 더 이상의 긴 호흡으로 글을 쓸 기회가 없는 것이지요.

그런데 자발적으로 긴 호흡 글쓰기를 하는 아이들이 있습니다. 쉬는 시간 중에 자신의 글을 친구들에게 돌려 읽게 합니다. 책을 읽는 것이 아닙니다. A4 용지를 몇 번 접어서 가위로 자르고 붙이면 10쪽 미만의 작은 책 모양이 됩니다. 그곳에 연필로 이야기를 쓰고 색연필로 삽화를 넣어가며 글을 쓰는 아이들이 있습니다.

한 번 이야기가 시작되면 최소 10화 정도 이어집니다. 친구들이 재미있다고 돌려 보기 시작하면 20화 정도까지 이어집니다. 1화 분량이 A4 용지 한 쪽 정도 됩니다. 결국 A4 용지 20쪽 분량의 긴 글을 하나의 이야기로 펼쳐냅니다. 그 정도 분량이면 초등학생 공책 한 권이 훨씬 넘는 분량입니다. 인기가 좋은 아이의 책은 서로 읽기 위한 경쟁도 치열합니다. 세상에 단 한 권밖에 없는 이야기 책이기 때문에 간식거리를 주거나 학용품을 주면서 책을 최대한 빨리 읽게 해달라고 하는 일까지 생겨납니다.

그 아이들은 어떻게 긴 호흡의 이야기를 써 내려갈 수 있는 걸까요?
그런 아이들의 공통된 특징이 있습니다.

첫째, 재미있을 것 같은 현상을 보면 일단 글로 적거나 그림으로 묘사하는 습관이 되어 있습니다. 신날 것 같은 이야기, 호기심을 끄는 사건 등이 있을 때, 주변 종이에 그것을 끄적이는 아이들이 있습니다. 그렇게 적어놓은 것을 보면서 또 재미있다고 웃습니다. 어른들이 보기에는 쓸데없는 낙서를 하는 듯 보이는 아이들입니다.

둘째, 그렇게 끄적인 단편 이야기로 친구들에게서 재미있다는 피드백을 듣게 됩니다. 친구들의 응원이 새로운 이야기를 더 이어나가게 하는 큰 동기가 됩니다. 원래 긴 이야기를 쓰려고 의도한 경우는 거의 없습니다. 짧은 이야기를 썼는데 친구들이 좋아하고 다음 이야기는 언제 또 쓰냐고 묻습니다. 그 과정에서 다음 2편이 시작됩니다.

셋째, 짧은 문장을 사용합니다. 문장 자체가 길거나 설명이 많지 않습니다. 짧은 문장들이지만 생동감이 있습니다. 이는 느껴지는 바를 최대한 빠르게 내뱉는다는 의미입니다. 이 글이 문법적으로 맞는지, 띄어쓰기가 맞는지 등을 거의 고려하지 않은 채 말하듯 적어 내려갑니다. 목적은 하나입니다. 친구들이 재미있어 할 것인가 아닌가에만 신경을 씁니다. 즉, 글을 쓴다고 생각하지 않고 '이야기'를 말하고 있다는 느낌으로 적어 내려갑니다.

긴 호흡의 글을 재미있게 쓰는 아이들을 통해 초등학생들의 긴 호흡 글쓰기의 방향을 잡을 수 있습니다.

첫째, 짧은 문장도 괜찮습니다.
둘째, 다음 이야기를 언제쯤 볼 수 있는지 물어봐줍니다.
셋째, 한 번에 긴 이야기를 써 내려가지 않아도 됩니다.

우선 생각나는 소재가 떠오를 때 메모할 수 있는 환경을 만들어줍니다. 그 환경이란 무엇이든 언제든 적을 수 있는 빈 공책과 필기도구가 있으면 됩니다. 또 아이들의 장난 같은 낙서에 관심과 지지를 보내주는 것을 의미합니다.

'긴 호흡'의 글을 쓰게 한다고 해서 30분, 40분, 50분 이렇게 앉아서 긴 이야기를 만들어내라고 하는 것이 아닙니다. 앞에서 언급한 '긴 호흡'의 글을 쓰는 아이들은 쉬는 시간 동안 글을 씁니다. 단지 10분 동안 글쓰기를 하루에 두 번, 세 번, 이렇게 매일 반복합니다. 여러 번 반복하면 한 편의 이야기가 나옵니다. 또 그렇게 열흘쯤 지나면 긴 호흡의 글이 완성됩니다. 그 과정 중에 열혈 독자 친구들이 생겨납니다.

아이에게 '긴 호흡' 글쓰기를 권하고 싶을 때, 처음에는 드라마 시트콤 형식을 추천합니다. 주인공과 배경 인물들이 등장하고, 그들이 매 회 새로운 에피소드에 등장하는 형식입니다. 그러한 시트콤 형식은 아이들이 긴 글을 쓰면서도 매번 새로운 이야기를 쓰는 역동성을 느끼게 합니다. 아이들의 새로운 호기심을 자극하여 글쓰기를 지속하게 하는 데 효과가 좋습니다.

긴 호흡의 글쓰기를 하는 아이로 키우고 싶다면, 글쓰기를 감독하는 사람이 되기보다 우리 아이의 첫 번째 열혈 독자가 되는 것이 더 빠릅니다.

"너의 다음 이야기가 빨리 읽고 싶구나."

긴 호흡 글쓰기의 시작입니다.

한자를 아는 것이 글쓰기에 어느 정도 도움이 될까?

많은 초등학생이 한자를 모른 채 글을 씁니다. 그래도 글을 잘 씁니다. 많은 부모가 글쓰기를 잘하기 위해 한자를 배우는 것이 막연하게나마 도움이 될 것 같다는 생각을 합니다. 영향을 안 받는다고까지 단정할 수는 없지만, 직접적인 영향은 적습니다. 우리 아이의 글쓰기 실력을 늘리기 위해 한자를 익히기보다는 그 시간 동안 독서를 하는 것이 더 효과가 좋습니다.

초등 아이들이 한자를 많이 알아야 글쓰기를 잘할 수 있다는 주장의 근거는 보통 이렇습니다. '우리 말의 대부분이 한자어이기 때문에 한자를 알아야 글을 잘 쓸 수 있다.' 하지만 학교 현장에서 보았을 때 그다지 연관성을 찾아볼 수 없었습니다. 한자를 많이 아는 아이보다는 독서와 사색을 많이 한 아이의 글이 훨씬 더 좋았습니다.

우리 말의 대부분이 한자어이지만 그 말을 글로 표현할 때는 한글로 표현합니다. 한자를 적지 않습니다. 배울 때도 한자를 먼저 배우지 않습니다. 책을 읽으며 한글을 배웁니다. 글자 하나하나 어떤 의미가 있다고 배우지 않습니다. 단어를 보고 문장 안에서 어떻게 사용되었는지 그 뉘앙스를 통째로 익힙니다. 그래서 한자를 몰라도 그 단어의 소리를 통해 의미를 알아듣습니다.

이쯤 되면 제가 한자교육을 반대하는 교육자로 오해를 받을 수도 있겠습니다. 그렇지 않습니다. 저는 초등 시기 한자교육이 필요하다고 생각합니다. 단, 그 이유가 글쓰기를 위해서라는 것에 동의하지 않을 뿐입니다.

초등 시기 한자교육은 더 큰 목적으로 진행되어야 합니다. 제2외국어의 관점에서 접근하는 것이 좋습니다. 우리와 밀접하게 관련된 언어이지만 글자만큼은 외국어입니다. 여러 개의 언어를 구사하는 사람들의 뇌는 그렇지 않은 사람들의 뇌보다 학습 능력이 더 높아집니다. 또한 다양한 언어를 접하는 것만으로도 아이들의 사고 유연성을 높여줄 수 있습니다. 이렇게 장기적인 관점에서 글쓰기에 영향을 줄 수 있습니다.

정리하겠습니다. 한자 자체가 한글 글쓰기 실력을 직접적으로 높여주지는 않습니다. 한자를 잘해야 글쓰기 실력이 좋아진다고 하는 것은 영어 단어를 열심히 암기할수록 한글 글쓰기 실력이 는다고 하는 것과 크게 다르지 않습니다. 글쓰기에 직접적인 영향을 주는 건 독서량, 경험, 사색입니다. 그리고 직접 써보는 과정입니다.

초등 글쓰기
STEP5

우리 아이
글쓰기 실력을 완성하는
주제별 글쓰기

글쓰기 실력을
단기간에 올려주는
'상상 글쓰기'

어른이 되고 작가가 된 지금도 학창 시절 일기들은 여전히 나에게
영감을 준답니다. 간혹 천천히 그 일기들을 한 페이지씩 들춰볼 때가
있어요. 그럴 때마다 나는 새로운 글감을 발견해요.

잭 갠토스,《내일의 작가를 위한 글쓰기의 비법》

생각보다 글을 쓸 때 제약되는 것들이 많습니다. 글의 종류에 따라 제
약되는 사안들이 다릅니다. 제한되는 것들이 많을수록 글은 쓰기 어려
워집니다. 제한되는 사안들을 글을 쓸 때 고려해야 하기 때문입니다.

어른들은 아이들에게 매일 일기를 쓰는 것이 좋다고 말합니다. 그리
고 너무 쉽게 물어봅니다.

"오늘 일기 썼니?"

"아직도 안 썼어?"

"일기 쓰는 게 뭐 어렵다고 며칠씩 자꾸 밀리니?"

일기를 쓰는 것이 그리 어렵지 않다고 생각해서 하는 질문들이겠지요. 하지만 일기를 쓰는 것은 생각보다 어려운 일입니다. 글을 쓸 때 고려해야 할 사항들이 제법 많습니다.

초등 1학년 아이가 일기 쓰기를 한다고 가정하겠습니다. 제일 먼저 시간이 제한됩니다. 바로 오늘이지요. 오늘 이외의 다른 시간적 내용을 적을 수 없습니다. 갑자기 필통을 보면서 1년 전 필통과 관련된 어떤 일(친구와 싸웠던 일 등)이 떠올라도 그건 일기의 대상이 아닙니다. 바로 오늘 24시간으로 묶여 있습니다. 공간도 한정되어 있습니다. 초등 1학년 아이가 활동한 범위라고 해보아야 아파트, 마트나 편의점, 학원 정도입니다. 그마저도 혼자 마음껏 돌아다닐 수도 없습니다. 가끔 친척 집을 놀러 가는 날은 공간이 조금 더 확대될 뿐입니다. 그런 날들도 매일 일기를 채워줄 만큼 충분하지 않습니다. 등장인물도 제한적입니다. 매일 만나는 사람이 한정되어 있기 때문입니다. 내용도 다양한 사건 사고를 적기에 하루하루가 평범한 날이 훨씬 더 많습니다.

이런 면에서 일기는 지극히 '제한된 글쓰기'라고 할 수 있습니다. 이렇게 제한된 글쓰기는 글을 쓰는 과정을 힘겹게 만듭니다. 이러한 제한들은 상상의 출구를 막아버립니다. 상상할 수 없는 순간, 경험했던 것의 기억에 의존해야 하는데, 아직 경험이 풍부하지 못한 아이들에게 일기 쓰기는 힘든 글쓰기가 됩니다.

'주장하는 글쓰기', 보통 '논설문'이라고 합니다. 이 글은 더 어렵습니다. 자신의 경험만으로는 주장의 근거가 부족합니다. 객관성이 확보되는 근거를 제시해야 합니다. 객관성이라는 제약이 추가됩니다. 그 객관성을 만족시키기 위해 다양한 자료도 찾아 활용할 수 있어야 합니다. 논설문을 잘 쓰는 아이들은 지극히 제한된 상황에서 글쓰기를 할 수 있기 때문에 어떤 주제가 주어져도 글 쓰는 것을 두렵게 생각하지 않습니다.

그렇다면 아직 글쓰기 능력이 부족한 아이들에게는 어떤 글쓰기가 좋을까요? 글쓰기를 싫어하거나 주저하는 아이들에게 글쓰기 실력을 단시간에 올려주는 글의 종류를 고르라면 주저 없이 '상상 글쓰기'를 추천합니다. 상상 글쓰기의 가장 큰 특징은 제한이 없다는 점입니다. 시간적, 공간적, 역사적, 사회적 제약 등 그 어떤 한계도 없습니다.

하늘을 날고 싶으면 날게 하고, 깊은 땅속 지하도시를 만들고 싶으면 얼마든지 만들 수 있습니다. 강아지가 말을 하기도 하고, 외계인이 등장하기도 합니다. 나라를 세울 수도 있고, 심지어 다시 태어날 수도 있습니다. 이런 거의 무제한의 상황에서 아이들은 마음껏 '글'이라는 장난감을 가지고 놀 수 있습니다. 바로 이것이 '상상 글쓰기'의 가장 큰 장점입니다.

상상하는 글쓰기를 할 때, 저학년이라면 먼저 그림을 그린 뒤에 글쓰기를 하는 것도 좋은 방법이 됩니다. 예를 들어, 우주를 날아가고 있는 우주선을 그렸다고 가정하겠습니다. 그림을 다 그린 후 그림에 나타난 여러 가지 상황들에 상상을 덧붙여서 글을 쓰라고 하면 됩니다.

그림을 보면서 상황을 구체적으로 묘사하게 합니다. 처음에는 짧은 문장으로 단순하게 표현하지만, 몇 가지 단순한 질문을 추가하며 그림에 표현한 내용을 더욱 상세하게 묘사하도록 도와줍니다. 도와주는 과정은 다음과 같습니다.

글 : 우주선이 별 사이를 날아가고 있습니다.
질문 : "우주선 색깔도 글 속에 표현하면 좋을 것 같은데."

글 : 빨간색 우주선이 별 사이를 날아가고 있습니다.

질문 : "빨간색 우주선에는 누가 타고 있는 거야?"

글 : 빨간색 우주선에 다섯 명의 우주인이 타고 있습니다. 지금 별 사이를 날아가고 있습니다.

질문 : "그런데 우주선 앞에 뾰족한 건 뭐니?"

글 : 빨간색 우주선 앞에는 레이더가 붙어 있습니다. 다섯 명의 우주인이 타고 있습니다. 지금 별 사이를 날아가고 있습니다.

질문 : "음… 다섯 명의 우주인들은 우주선에서 뭘 하고 있어?"

글 : 빨간색 우주선이 있습니다. 우주선 앞에는 레이더가 붙어 있습니다. 다섯 명의 우주인은 우주선을 타고 창밖을 바라봅니다. 창밖에는 많은 별이 보입니다.

질문 : "그럼 우주인들은 지금 어디로 가는 거니?"

이렇게 아이들이 그린 그림을 놓고 그림을 세밀하게 묘사하는 과정을 도와줍니다. 덧붙여서 어떤 이야기가 펼쳐질지를 질문하면서 상상하는 글쓰기로 넘어가게 합니다.

글쓰기를 처음 시작하는 아이들에게는 일기보다 상상 글쓰기가 더 좋습니다. 아이들이 지닌 제한적 경험을 마음껏 부풀릴 수 있습니다. 그 과장된 표현이 아이들에게 즐겁다는 생각이 들게 합니다. 즐거움이 글쓰기에 대한 긍정적 마음을 갖게 합니다. 그리고 계속 더 긴 글을 써보고 싶게 만들죠.

가끔 마음껏 상상하는 글쓰기를 한 아이들에게 이렇게 말하는 어른들이 있습니다.

"쓸데없는 이상한 내용만 적는구나."
"그런 말도 안 되는 이야기가 어디 있니?"

상상 글쓰기에는 쓸데없는 것도, 이상한 것도, 말도 안 되는 것도 없습니다. 상상만 하면 됩니다. 그 이상도 그 이하도 아닙니다. 그대로 재미있습니다. 제약이 없기 때문입니다. 글쓰기가 자유롭다는 것을 느낀 아이들은 저절로 글쓰기를 익히고 실력이 빠르게 성장합니다. 그 아이들은 글쓰기가 일상이 됩니다. 글을 다듬는 건 나중입니다. 일단 아이들의 상상 속에 글을 맡기는 것이 우선입니다.

논리력과 자기조절감을 강화하는 '주장하는 글쓰기'

"하버드대학교가 내건 글쓰기 수업의 목표는
'논리적 사고력 향상'입니다. 왜냐하면 논리력은 모든 사고의
토대이며 개인적, 사회적 성공의 기본이기 때문이지요."

송숙희, 《150년 하버드 글쓰기 비법》

초등 중학년까지는 상상하는 글쓰기에 중점을 두어도 됩니다. 글쓰기에 자신감이 붙고 익숙해지는 과정은 상상 글쓰기가 좋습니다. 하지만 어느 정도 익숙해진 상황에서 초등 고학년이 되면 상상하는 글쓰기에 머물러 있지 않고 '주장하는 글쓰기'에 도전할 필요가 있습니다.

다양한 캐릭터가 등장하고 이야기 속 사건을 마음껏 구성하는 '상상 글쓰기'를 잘하는 아이들도 막상 논설문 형식의 주장하는 글을 쓸 때 무척 힘들어하는 경우를 자주 봅니다. 이유는 자신의 주관적인 주장을 객관화하는 과정이 어렵기 때문입니다. 이 과정에서는 자기중심적 상황에서 벗어나 보편적 기준으로 사건, 사물을 바라보는 시선의 확대가 필요합니다.

주장하는 글쓰기의 기초는 평소 토론하는 습관을 통해 자리 잡습니다. 특히 사회, 역사, 문화 등의 갈등 상황에서 어떤 선택을 할지에 대한 논의가 큰 도움이 됩니다. 선거 기간에 각 가정으로 보내지는 선거 홍보 안내문은 아이들과 토론하기 좋은 실질적인 자료가 됩니다. 토론을 위해 만들어진 상황이 아닌, 실제 현실 상황이 아이들에게는 실감나게 다가옵니다.

후보들 간에 내세우는 공약은 무엇인지 살펴보고, 각각의 장단점을 함께 이야기해보는 것도 좋습니다. 더 나아가 만약 지금 투표에 참여할 수 있다면 어떤 후보에게 한 표를 줄 것인지, 왜 그 후보를 선택했는지 등을 자연스럽게 이야기해봅니다. 그때 엄마의 생각은 어떤지, 아빠의 생각은 어떤지도 함께 공유하고 다른 의견이 있다면 왜 그런지 등도 논의해봅니다. 그 과정 자체가 좋은 '주장하는 글'을 쓰는 큰 힘이 됩니다.

이 같은 과정에 익숙해지려면 평소 가정에서 사회문제 관련 뉴스, 시사적인 내용 등에 대한 이야기를 주고받을 필요가 있습니다. 많은 부모가 정치 사회 관련 이야기들은 아이들에게 어려울 거라 판단하고 제대로 된 설명을 해주지 않습니다. 하지만 초등 6학년 1학기 사회 교과서만 보아도 한국 근현대 정치 상황까지 상세하게 다룹니다.

안타깝지만 가정에서의 주된 대화 주제는 자녀에게 오늘 공부를 했는지 안 했는지에 대한 질문으로 시작합니다. 그리고 숙제를 다 했는가에 대한 점검으로 끝납니다. 매일 이런 내용으로 대화가 정체되거나 비슷한 과정이 반복되는 정도에 머뭅니다. 그렇게 되면 주장하는 글쓰기의 바탕이 되는 '가정에서의 토론' 과정이 무척 부족하게 됩니다. 이렇게 생각하실 수 있습니다.

'가정에서 토론이라니, 일상적인 대화 자체가 힘든데….'

이런 경우라면 주장하는 글쓰기를 먼저 시작하는 것이 아니라 대화부터 시작해야 합니다. 대화를 충분히 하고 작은 주제로 토론이 가능해진다면 이제 '주장하는 글쓰기'를 시도할 수 있습니다. 좋은 논설문 쓰기는 혼자서 하기 힘듭니다. 타인과의 토론이 일상화된 아이들만 시작할 수 있습니다. '주장하는 글쓰기'은 난이도가 상급이라고 보면 됩니다.

주장하는 글쓰기는 단순히 논리적 글쓰기 실력을 키워주는 데 한정되지 않습니다. 초등 사춘기 자신의 정체성을 확립하는 것에도 큰 도움이 됩니다. 이 시기는 기존에 배워왔던 규정, 규칙, 가치관 등을 자신의 시선으로 다시 확립하고 재정립하는 기간입니다. 그 과정이 무척 혼란스럽습니다. 내면의 역동이 함께 작용하면서 심리적으로 불안해지기도 하고, 자기조절감이 흔들리기도 합니다. 이때 '주장하는 글쓰기'는 혼란스러움을 정리하는 데 긍정적 역할을 합니다.

사춘기라고 해서 감정적으로 대응하고, 짜증을 내고, 자주 화를 내는 기간이 아닙니다. 고민의 실타래를 하나씩 스스로 정리하면서 주체적 자아상을 만들어갑니다. 그러한 가운데 주장하는 글쓰기는 자신을 객관화하는 데 좋은 역할을 합니다. 실제로 사춘기 시기 자신의 고민을 자기만의 노트에 정리하는 과정에서 자신의 주관을 세워나가는 아이들도 있습니다.

주장하는 글쓰기의 핵심은 '주장'이 아닙니다. 주장에 대한 '근거'입니다. 근거 제시 방법은 크게 두 가지로 나뉩니다. 하나는 보편적이고 타당한 합리성을 바탕으로 제시하는 것입니다. 이는 일반적으로 윤리적이

라고 하는 또는 많은 사람이 합리적이라고 생각하는 방식 등을 근거로
주장하는 방법입니다.

많은 아이가 자신의 주장에 대한 근거를 기존에 배운 관습적인 기준
에서 찾습니다. 그러다 다양한 상황의 변수가 있는 딜레마가 담긴 문제
상황과 마주했을 때, 관습적 방법들에 대한 회의감을 갖습니다. 상황 돌
파를 위해서는 유연한 주장과 설득의 과정이 필요하다는 것을 알게 되
죠. 그 정도만 생각해도 아주 좋은 글이 됩니다.

근거 제시의 다른 방법은 객관적인 설문조사 자료, 연구 자료, 뉴스
등을 주장의 뒷받침으로 사용하는 것입니다. 이 방법은 자신의 글에 대
한 신뢰성을 높이는 좋은 수단이 됩니다. 이 방법을 사용하려면 평소 정
보 검색 능력 및 검색한 정보의 신빙성을 판단하는 능력을 갖추고 있어
야 합니다.

이러한 과정 때문에 주장하는 글쓰기는 생각보다 어렵습니다. 마음
껏 상상해서 작성하는 글쓰기에 비해 훨씬 시간이 오래 걸립니다.

많은 경우 아이가 주장하는 글쓰기의 근거 자료를 단순히 인터넷 정
보를 복사해서 붙여놓는 경우가 많습니다. 글을 읽어보면 금방 티가 납

니다. 근거의 자료가 되는 통계, 연구 결과, 뉴스의 핵심 내용을 인용하면서도 동시에 그에 대한 요약 및 해석이 필요합니다. 그 과정이 주장하는 글쓰기의 핵심이 됩니다.

평소 뉴스를 시청하거나 각종 통계 자료가 나올 때 해석하는 과정을 같이 자주 해봅니다. 더욱 좋은 것은 직접 통계 자료를 만들어보는 것입니다. 가장 쉬운 것이 날씨의 변화입니다. 날씨에 대한 데이터는 무척 많습니다. 기온, 강수량, 구름의 양, 바람의 세기, 바람의 방향 등 데이터화할 수 있는 요소들이 넘칩니다.

예를 들면, 아파트 현관 밖에 온도계를 설치합니다. 매일 아침 등교하기 전에 온도를 확인합니다. 이를 기록해놓고 30일 정도 되었을 때 선그래프를 그려봅니다. 한 달간의 같은 시간 기온의 변화를 선그래프를 통해 해석할 수 있게 됩니다. 특히 환절기 기온의 변화가 뚜렷하기 때문에 직접적으로 변화를 확인할 수 있습니다. 얼핏 보면 과학 수업에 가깝지만, 이런 과정들이 주장의 근거를 해석하고 추론하고 재결합하는 데 큰 도움이 됩니다.

주장하는 글쓰기는 겉으로 보기에 딱딱한 형식의 글처럼 보입니다. 하지만 다양한 교과를 융합하는 능력이 있어야 가능한 글쓰기입니다.

그만큼 수준이 높은 글입니다. 좋은 글쓰기라고 하면 많은 사람이 재미있는 소설, 함축된 시, 마음을 움직이는 수필 등을 떠올립니다. 물론 그러한 작품도 훌륭합니다. 하지만 짧은 글로 타인을 설득하고 이해시키는 글을 쓴다는 건 더없이 어려운 일입니다. 그 과정이 바로 '주장하는 글'입니다.

'주장하는 글'을 잘 쓰는 아이는 어떤 글을 써야 할 순간이 와도 다 쓸 준비가 되어 있습니다. 여러분들의 자녀들에게 세상을 살아가는 좋은 무기를 주고 싶다면, '주장하는 글쓰기'를 연습하게 하시기 바랍니다.

글쓰기교육은 시기별로 어떻게 하는 것이 좋을까?

초등 저학년(1~2학년) 시기는 될 수 있으면 '주제 글쓰기'보다 '바른 자세로 글씨 쓰기'를 꾸준히 하도록 합니다. 바른 자세로 글씨를 쓰고 글자를 또박또박 적을 때마다 충분한 칭찬을 합니다. 글자를 바르게 쓰면 칭찬을 받는 상황을 하나의 패턴으로 만들어줍니다.

저학년 시기에는 예쁜 동시 및 동화책의 재미있는 말투 등을 천천히 따라 쓰고 그 내용을 읽어보는 과정도 좋습니다. 준비되지 않은 상황에서 주제를 주고 글을 쓰기 시작하는 방식은 부담감이 큽니다. 저학년 시기는 자신의 생각과 느낌을 글보다 대화를 통해 말로 충분히 표현하는 기회를 주는 것이 추후 글쓰기에 도움이 됩니다. 충분한 말하기 기회를 주고 동시에 글쓰기가 아닌 글씨 쓰기 연습을 하면서 중학년 시기의 본격적인 글쓰기를 준비하는 기간으로 삼습니다.

초등 중학년(3~4학년)이 되면 자기중심적 사고에서 벗어나기 시작합니다. 자신의 감정 표현도 늘어난 어휘만큼 다양해집니다. 이 시기부터는 '주제 글쓰기'를 시작해도 부담감이 적습니다. 특히 재미있고 상상력을 발휘할 수 있는 주제일수록 아이들의 글쓰기가 흥미진진해집니다. 이때 주의할 사항은 아직 글씨 쓰기도 익숙하지 않은 상황에서 글자 모양, 띄어쓰기, 맞춤법 등에 너무 강한 통제를 하지 않는 것이 좋습니다. 그보다는 자기 생각의 흐름이 끊기지 않도록 자유로운 분위기에서 글쓰기를 할 수 있게 합니다. 글을 쓰면서 궁금한 사항에 대한 대화를 막지 않도록 합니다.

초등 고학년(5~6학년)이 되면 상상력을 발휘하는 '상상 글쓰기'와 더불어 논리적인 주장을 펼칠 수 있는 '주장하는 글쓰기'도 병행합니다. 논리적인 주장을 펼치는 글쓰기를 할 때는 두 가지 중요한 점이 있습니다. 첫 번째는 주장하는 내용에 대한 '근거'입니다. 근거가 합리적이고 다양한 자료를 활용할 수 있는 방법을 함께 알려주는 것이 좋습니다. 두 번째는 자기 생각을 주장하는 것이 좋습니다. 자신의 의견은 없이 참고 자료의 주장을 복사하듯 적어놓은 글은 생명력이 없습니다.

마지막으로 학년이 올라가면서 독서를 등한시하는 경우가 있는데, 꾸준한 독서는 글쓰기 실력의 기본이 됩니다. 독서 시간을 줄이지 않도록(최소 하루 40분) 합니다. 독서를 많이 하는 아이들의 글쓰기는 사용하는 어휘부터 차이가 납니다. 글쓰기를 하느라 독서 시간을 줄여야 한다면 그보다는 독서를 꾸준히 지속하는 것이 추후 글쓰기에 도움이 됩니다. 꾸준한 독서가 병행되지 않으면 글쓰기 실력은 늘 제자리걸음을 하게 됨을 꼭 기억하시기 바랍니다.

초등 글쓰기
Q&A

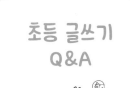

초등 학부모들이
가장 궁금해하는
글쓰기 교육법

아이들에게
바른 글씨체 교육이
필요한 이유

요즘 초등학생들의 글씨체는 어떤가요?

개인별로 차이는 있지만, 단순히 10년 전 학급 아이들과 지금 학생들을 비교해보면 갈수록 글씨를 알아보기 어려워졌습니다. 심한 경우 글자를 알아보기 어려워 수행평가를 채점할 때 애를 먹기도 했습니다.

스마트기기가 생활화되어 손글씨를 쓸 일이 거의 없잖아요. 이런 시대에 바른 글씨를 쓰는 게 어떤 의미일까요?

학교에서 숙제를 내주었을 때, 초등학생들도 컴퓨터로 편집해서 제출하기도 하고요. 갈수록 아이들이 글씨를 쓰는 경우가 줄어들고 있습니다. 이전보다는 사용이 현저히 줄기는 했지만, 그래도 아직 펜글씨가 필요한 시대입니다. 특히 요즘은 초등학교에서도 서술형 평가가 주를 이룹니다. 학교에 스마트기기가 보급되기는 했어도, 평가만큼은 펜글씨로 진행되고요. 그리고 다양한 창의적 작품들 속에 등장하는 선(線)의 표현은 결국 펜글씨 능력에 기인 하는 경우가 많습니다. 디지털기기 중에서 전자펜을 활용한 것도 많고요. 오히려 디지털 시대에 펜글씨는 계속 중요하면서 유용한 부분을 차지할 겁니다.

그럼 아이들이 바른 글씨를 쓰게 하려면 어떻게 해야 할까요?

　　너무 일찍 글씨를 쓰게 하지 말아야 합니다.

너무 일찍이라면… 언제를 말하는 건가요?

　　많은 부모가 초등 입학 전에 글자를 읽게 하는 것도 모자라서 글자를 쓸 수 있게 하려 합니다. 대부분 이 과정에서 학생과 부모 역시 상당한 스트레스를 받고요. 특히 글씨 쓰는 것에 대해 부정적 이미지를 심어놓게 됩니다. 제대로 되지도 않고요.

그럼 글씨를 가르치지 않고 있다가 초등학교에 들어가서부터 쓰게 하면 되는 건가요?

글씨 쓰기를 하기 전에 선행되어야 할 것들이 있습니다. 많은 분이 이 것을 간과한 채 글씨부터 쓰게 하는데요. 그러한 선행이 충분히 되지 않 은 채로 글씨부터 쓰게 하면 오히려 나쁜 형태를 갖게 됩니다.

글씨 쓰기를 시작하기 전에 선행되어야 할 것! 그게 뭔가요?

크레파스를 가지고 마음껏 낙서하는 시간이 필요합니다.

크레파스로 글씨를 쓰는 건가요?

꼭 글씨가 아니어도 되고요. 점, 선, 면 등을 자유롭게 그리면 됩니다. 크레파스는 연필보다 두꺼워서 손에 쥐기 쉽고요. 또 도화지 위에 긋는 느낌이 연필보다 부드럽습니다. 어린이들이 연필을 쥐기 위해서는 생각 보다 많은 손가락 근육의 힘이 필요합니다. 잘 사용하지 않았던 근육을 사용하기 때문에 먼저 크레파스를 이용해서 관련 근육의 힘을 조금씩 키워나가야 합니다. 특히 크레파스를 이용한 색칠하기는 손 근육을 키위줍니다. 그 밖에도 손 근육에 도움이 되는 것들을 평소 자주 하게 해주는 것이 좋습니다.

손 근육에 도움이 되는 것들이라면, 구체적으로 어떤 것들이 있을까요?

젓가락을 이용하여 콩을 옮겨 담게 하는 것을 주로 많이 하지요. 접시 두 개를 놓고요. 한 접시에는 콩을 놓고 다른 접시에 콩을 옮겨 담는 겁니다. 아이들이 무척 재미있어하지요. 집중력에도 도움이 될 뿐 아니라 나중에 연필로 글씨를 쓸 때 사용하는 근육에 대한 감각을 미리 익히는 데 도움이 됩니다.

다양한 손 놀이를 통해 손 근육을 키우는 게 중요하군요. 그런 과정을 거친 뒤에 글씨 쓰기는 어떻게 시작하나요? 우리가 어릴 땐 기름종이를 글자 위에 올려놓고 따라 쓰기도 했는데요.

잘 지우는 연습부터 합니다.

쓰기가 아니고 지우기부터요? 왜 그런 거죠?

학생들의 교과서나 공책을 보면 지저분하게 글씨를 쓰는 아이들이 있습니다. 대부분 틀리게 쓴 다음에 대충 지우고 그 위에 덧쓰거나 연필로 두세 줄 쓱 긋고 다시 글씨를 써서 그렇습니다. 결국 지울 때 깨끗이 지우지 않아서 생기는 건데요. 글씨를 쓸 때 제대로 지우기를 하지 않으면 나중에 지우개로 지우는 것을 귀찮아합니다. 쓰기에 앞서 지우개로 잘 지우는 연습부터 합니다. 초등 저학년 아이들은 깔끔하게 지우는 게 생각보다 쉽지 않습니다. 또 옆에서 보고 있던 엄마가 답답한 마음에 대신 지워주고 글씨를 쓰게 하지요. 글씨 쓰기를 할 때는 천천히 여유를 갖고 직접 지우는 시간을 충분히 주시는 것이 좋습니다.

잘 지우는 게 중요하군요. 그런데 글씨를 따라 쓰는 것을 초등학생들이 지루해 할 것 같아요. 재미있게 글씨 쓰는 방법이 뭐 없을까요?

뭐든 재미가 있으려면 일단 흥미가 있어야 하죠. 글씨 쓰는 것 자체만으로 흥미가 유발되기는 쉽지 않습니다. 먼저 한글 프로그램을 보면 다양한 글씨체가 있지 않습니까? 그중에서 몇 가지를 보여주고 마음에 드는 글씨체를 고르게 합니다. 자신이 평생 쓸 글자체를 고르라고 하면 갑자기 아이들이 진지해집니다. 그리고 열심히 고릅니다.

펜글씨 교본을 보면 왜 국어책에 나오는 글자 모양이랑 똑같잖아요. 그런 정자체로 연습을 하는 게 아니라, 본인이 글자 모양을 선택해도 되나요?

기성세대에게는 지금처럼 많은 글자 폰트가 없었습니다. 하지만 지금은 다르죠. 궁서체와 같은 글씨 말고도 아이들이 관심을 가지고 써보고 싶은 글자체가 많습니다. 이 중 몇 가지를 골라서 연습하게 하면서 자신만의 글자 모양을 갖게 됩니다. 자신이 직접 고른 글자 모양이기 때문에 왠지 자신의 글자체처럼 느끼고요. 더 나아가서 자신만의 새로운 글자체를 만들어 나가면 자부심도 생길 수 있습니다.

꼭 교과서에 나온 글자처럼 쓸 필요는 없군요. 그럼 바른 글씨를 쓸 때 중요하게 확인해야 할 부분은 뭘까요?

한글은 기본 틀이 사각형입니다. 사각형 안에 십자가 모양의 점선을 긋고 구획을 나누어 자음과 모음을 배치하지요. 그래서 글씨를 쓸 때도 일정한 크기를 유지하는 것이 중요합니다. 어떤 글자는 크거나 길고, 어떤 글자는 작거나 납작하면 전체적으로 보았을 때 균형감이 없어 어수선하게 보입니다. 그래서 아이들이 글씨 쓰기를 할 때 글자 크기를 일정하게 하는 것에 중점을 두는 것이 좋습니다. 오히려 글씨체는 별로여도,

일정한 크기로 선을 맞추어 적어나가면 꽤 깔끔하게 쓴다는 인상을 줄 수 있습니다.

예전에 보면 초등학교에서 꼭 연필을 쓰게 했잖아요. 초등학교 시기에 연필을 사용하도록 한 이유가 있나요?

지금도 기본적으로 초등학교 선생님들은 아이들에게 글씨를 쓸 때 연필을 사용하도록 권합니다. 샤프나 볼펜은 부드럽게 써지기 때문에 아이들이 한 글자 한 글자 또박또박 기본기를 익히는 데 오히려 방해됩니다. 어른들이 흘려 쓴 글자체를 따라 하려고 하죠. 특히 샤프는 아이들이 아직 강약 조절이 잘 안 되어 샤프심을 자주 부러뜨립니다. 그 순간 집중하는 흐름이 끊어지죠. HB 정도 강도의 연필이면 잘 부러지지도 않으면서 한 글자 한 글자 멈춰가며 익히기 좋습니다.

아이들이 글씨 쓰기 연습을 할 때 부모들이 유의할 게 있다면?

글씨 모양에만 몰두하다가 자세를 소홀히 하는 경우가 있습니다. 특히 너무 잘 쓰려고 하다 보면 얼굴이 거의 연필 뒤쪽 끝에 닿을 정도로 가까이 하는 경우가 있습니다. 그 모습이 반복되면 눈이 나빠지고요, 특히 고학년이 되었을 때 어깨가 한쪽으로 기울어지면서 척추가 휘어진 모양으로 앉게 됩니다. 상당히 보기도 안 좋을뿐더러 건강에도 좋지 않지요. 아이에게 "공책 한 바닥에 글씨를 반듯하게 다 써야 해!" 해놓고 엄마는 설거지를 하거나 잠시 후에 와서 다 쓴 것만 검사하면 이런 상황이 벌어집니다. 아이에게 글씨 쓰기를 가르치는 동안은 수시로 자세를 확인하면서 함께합니다. 아이들이 글씨를 정성껏 쓴다는 건 정말 힘든 겁니다. 잘한다고 칭찬도 하면서… 멋지게 썼다고 어깨도 토닥여주면서 해주세요.

바른 글씨 쓰기, 초등 시기에 익혀두면 평생 득이 되는데요, 마지막으로 정리해주세요.

몇 년 전 제가 근무하는 학교와 자매결연을 맺은 중국 초등학교 학생들이 우리 학교 학생들과 홈스테이를 했습니다. 2박 3일 정도 함께 교실에서 수업을 들었는데요. 그중 초등 5학년 학생이 기억에 남습니다. 장기 자랑을 하는 시간이었는데, 갑자기 붓과 화선지를 꺼내더군요. 그리고 바른 자세로 서서 멋지게 한자를 붓글씨로 적어 내려갔습니다. 글자를 적어가는 자세만으로도 기품과 에너지를 느낄 수 있었습니다. 가볍지 않은 무게감이 살아 있었지요. 글씨 쓰기를 할 때 예쁜 글자체에만 치중하지 말고 바른 몸가짐과 생각을 익히는 과정이라고 생각하시면 좋겠습니다. 빠르게 변해가는 시대, 정지한 듯 바른 글씨를 써 내려가는 마음가짐은 세상사에 휩쓸리지 않는 힘을 아이들에게 줍니다. 아이들의 바른 글씨 쓰기, 소홀히 하지 않으셨으면 좋겠습니다.

아이의 상상력을
문제해결 능력으로
이끄는 법

다가오는 인공지능 시대, 창의성이 매우 중요하다는 생각이 드는데요. 요즘 초
등학생들의 창의성은 좋은 편인가요?

요즘뿐이 아니고요. 이전부터도 그랬고 지금도 그렇고 앞으로도 마
찬가지일 겁니다. 초등 시기의 아이들은 창의성이 넘쳐납니다. 넘쳐나
는 창의성을 어른들이 감당하지 못할 뿐이지요. 이런 겁니다. 단순하게
길에 떨어져 있는 돌멩이 열 개를 주워서 초등 저학년에게 말없이 줍니
다. 그리고 저는 "아! 선생님이 갑자기 배가 아픈데? 화장실 좀 다녀올
게" 하고는 10분 뒤에 돌아옵니다. 교실에서는 어떤 일이 벌어지고 있을
까요?

잘은 모르겠지만, 돌멩이를 가지고 놀고 있지 않을까요?

네, 바로 그겁니다. 제가 10분 뒤에 돌아오면요. 아이들은 그 돌멩이를 가지고 잘 놀고 있습니다. 돌멩이가 음식이 되어 있고요. 혹은 동물들이 되어 있기도 합니다. 때론 선생님이 화장실에 가서 볼일 본 똥이 되어있기도 합니다. 그리고 제가 돌아와서 "자, 이제 이 돌멩이를 가지고 수업을 시작해볼까?" 하면 이렇게 말하죠.

"선생님 조금만 더 음식 놀이하고요."
"선생님 조금만 더 동물 놀이하고요."

저는 음식을 준 적도 없고요. 동물을 준 적도 없어요. 돌멩이 열 개를 준 것뿐이죠. 아이들이 이미 돌멩이를 다른 어떤 것으로 창조해버린 것입니다. 그리고 그 속에 깊이 빠져 있어요.

어린 시절 소꿉놀이 같은 거네요. 그런데 돌멩이를 다른 대상으로 바꾸는 것은 창의성이라기보다는 아이들의 상상력이라고 할 수 있지 않을까요?

아주 정확한 포인트입니다. 아이들은 자유롭게 상상합니다. 왜냐하면 아직까지 한계 지어지는 것에 익숙하지 않거든요. 어른들은 경험상 한계가 명확해요. 아무리 돌멩이를 불에 구워도 음식이 되지 않는다는 것을 알고 있지요. 덕분에 그런 상상을 하지 않아요. 창의성의 시작은 상상에서 시작됩니다. 상상과 창의성을 구분하기보다는 융합해서 바라보는 관점이 필요하고요. 불과 30년 전만 해도 지금처럼 스마트폰을 사용하는 시대를 상상하기 힘들었지요. 누군가 그것을 상상한 이들에 의해 현실이 된 것이지요.

창의성의 시작은 상상력에서 출발하는 것이었네요. 그러면 왜 처음에 초등학생들의 창의성을 어른들이 감당하기 어려워한다고 말씀하셨나요? 어른들도 아이들의 상상력만큼은 인정해주지 않나요?

생각처럼 인정해주지 않습니다. 그나마 미술 시간 '상상화 그리기'를 통해 공상과학 그림처럼 무언가 그려오면 그땐 고개를 끄덕입니다. 뭐 상상화니까요. 하지만 이런 겁니다. 어떤 6학년 학생이 아빠와 함께 영화 〈부산행〉을 보고 집에 왔어요.

〈부산행〉이면 좀비 영화 아닌가요?

네, 그렇지요. 15세 이상 관람가이긴 하지만, 보호자와 동반하면 볼 수 있지요. 그 영화를 본 철수는 집에 와서 공책에다 막 무언가를 적어 내려가요. '어떻게 하면 좀비들로부터 우리 집을 지킬 수 있을까?' 하면서 프로젝트를 시작하지요. 영화에서 본대로 모든 창문에 일단 신문지를 붙여서 안을 볼 수 없게 하고요. 집에서 구할 수 있는 무기가 될 만한 목록들을 적습니다. 그리고 여러 가지 기발한 설정을 하지요. 혹시 고춧가루를 현관 앞에 뿌려놓으면 좀비들이 싫어하지는 않을까? 또는 자신도 좀비 분장을 하고 이상한 소리를 내고 있으면 같은 좀비로 착각하지는 않을까? 등등 모든 가능성을 열어놓으며 상상을 하지요.

잠시 후에 엄마가 방에 들어와서 철수가 끄적인 종이를 보면서 말합니다.

"수학 문제집은 다 풀었니?"

당연히 아직 안 풀었지요. 좀비로부터 우리 가족을 지켜야 하는 막중한 사명이 있는데 수학 문제집 푸는 게 중요하겠어요?

엄마는 그러한 사태를 보고 이야기하죠.

"쓸데없는 짓 그만하고 공부해라."

그런데 그 순간 어머님들이 간과하시는 것이 있어요. 그 시간, 철수는 엄청난 사고의 확장을 하고 있거든요. 계획을 세우는 것뿐 아니라, 과학에서 말하는 가설을 설정하고, 무기가 될 만한 물건들을 생각하면서 구분과 분류 작업까지 하고 있지요. 그리고 이 사태를 어떻게 극복할 수 있을지 새로운 방법을 창안하고 있고요.

아이들의 상상력은 상상에서 멈추는 것이 아니고 문제해결을 위한 사고 확장으로 이어지는군요. 이 시점에서 구체적인 방법을 알고 싶은데요. 초등학생들의 상상력 또는 창의력을 높이는 방법이 뭔가요?

초등학생들의 창의력을 높이는 방법 첫 번째, '무조건 웃기기'입니다.

웃기기요? 잘 이해가 가지 않는데요. 뭐 유머감 같은 것을 말씀하시는 건가요?

상상력과 창의력은 웃기는 일에서 시작됩니다. 무언가 새로운 것을 시도하는 이들 앞에서 많은 이들이 웃었어요. 말도 안 되는 웃기는 일이라고 말이지요. 역사적으로 라이트 형제가 비행기를 만들어 날아보겠다고 했을 때, 심지어 만들고 나서 시범 비행을 한다고 했을 때, 대부분의 사람들이 웃었습니다. 웃기는 일이라고 말이지요. 초등 자녀에게 창의성을 높여주고 싶다면 웃기는 시도를 용인해야 합니다.

혹시 노벨상을 가장 많이 수상한 민족이 어디인지 아세요?

제가 알기에 유대인인 것으로 알고 있는데요.

네, 유대인입니다. 노벨상을 가장 많이 받은 민족이 유대인이라는 사실은 그나마 알고 있는 사람들이 많아요. 하지만 미국 유명 개그맨 중 70% 이상이 유대인이었다는 사실 알고 계셨나요?

정말인가요? 노벨상을 많이 수상한 민족이면서 동시에 개그맨도 많은 민족이네요.

바로 그겁니다. 가장 창의적이면서 동시에 가장 웃기는 민족이라고 할 수 있지요. 웃긴다는 말이 유교 문화가 짙은 우리나라에서는 좀 천박하다는 인식이 있지만, 이젠 벗어나야 합니다. 고밀도의 창의력을 발휘해야 성과를 얻을 수 있고 그러한 성과로 유대인들이 많은 노벨상을 수상한 것이죠. 그런데 그러한 창의력을 발휘한 이들이 공통으로 말하는 것이 있어요. 창의성은 웃기는 여유에서 시작된다는 것이지요.

유대인들은요. 누군가, 자신의 자녀에게 "참 말을 잘 듣는 아이네요" 라고 말하면 불쾌하게 생각한다고 합니다. 심지어 욕처럼 느낀다고 하고요. 반대로 "아이가 좀 당돌하네요" 혹은 "유머가 있네요"라고 말한다면 자랑스럽게 생각한다고 합니다. 우리로 치면 "예의가 없네요" 혹은 "웃기는 아이네요"라고 말하는 것과 같지요.

그렇군요. 타인을 웃길 수 있을 만큼의 여유가 있을 때 상상력과 창의성이 생기는 것이군요. 그것만으로는 뭔가 더 필요할 것 같은데요.

예, 바로 시공간 확보입니다.

시공간 확보요? 그게 뭔가요?

어느 짓궂은 기자가 한창 잘 나가던 빌 게이츠에게 물었어요.

"곧 치고 올라올 것 같은 당신이 두려워하는 기업이 있다면 어디인가요?"

두려운 경쟁 기업을 묻는 질문에 빌 게이츠는 이렇게 답합니다.

"제가 정말 두려운 것은 기업이 아니라, 지금 어디선가 차고에 모여 작당하고 있는 젊은이들입니다."

마치 미래를 예견한 듯 실리콘밸리 한 차고에서 구글이 탄생했고요. 얼마 지나지 않아 조그만 기숙사 방에서 페이스북이 고개를 듭니다.

미국에서 시대를 앞서가고 위대한 일을 저지른 이들을 보면 공통적인 것이 있어요. 바로 '차고' 혹은 '창고'라는 공간에서 무언가에 몰두하며 젊은 시절을 보냈다는 것이지요. 우리나라는 어떤가요? 아이들의 방을 보면 다 똑같습니다. 책상이 있고요. 책상에는 풀어야 할 문제집으로 가득합니다. 그리고 책꽂이에는 학습에 좋을 것 같은 위인전과 백과사전들로 가득하지요. 또한 항상 깨끗이 정리되어 있는 방의 상태를 요구받습니다.

창의력은 정리된 상태에서 나오는 것이 아니라 혼돈된 상태에서 번득이는 겁니다. 적어도 초등시기만큼은 그들의 공간을 그들 마음대로 휘젓고 몰두할 수 있는 공간으로 방을 만들어주시기 바라고요. 가능하면 넓은 테이블에 온갖 물건들이 쌓아놓고 아이가 이것저것 뒤적이고 만지고 붙이고 부수면서 무언가 만들 수 있는 시공간이 확보되어야 합니다.

그렇군요. 마음껏 펼쳐놓기도 하면서 동시에 두서없이 무언가 시도할 수 있는 시공간이 환경적으로 필요한 것이었네요. 늘 정리가 우선인 우리 사회 관념과 많이 다르네요. 그렇다면 마지막으로 초등 자녀들의 창의성을 위해 학부모님께 당부하고 싶은 이야기가 있으시다면 무엇이 있을까요?

이제 자녀를 학교에 보내실 때, 선생님 말씀 잘 들으라고 말씀하시지 말고요. 오늘 학교에 가서 선생님과 친구들을 많이 웃기고 오라고 말씀하시길 당부드립니다. 그리고 방이 어질러졌다고 너무 나무라시지 마시고요. 그 방에서 무슨 기발하고도 웃기는 일들을 꾸미고 있는지 궁금해하시기 바랍니다. 그게 초등 자녀의 창의성을 높이는 비결입니다. 이런 창의성을 가지고 있는 아이들은 멋진 상상력으로 항상 글감이 넘쳐납니다.

경험을 글쓰기로 연결하는 '가정 체험학습' 활용법

가정 체험학습이 좋은 글쓰기에 어떤 영향을 주나요?

체험학습을 많이 해본 아이는 글을 쓸 때 다양한 소재를 사용할 수 있습니다. 그리고 경험이 많은 아이는 글이 살아 있는 것처럼 생생하게 묘사를 잘합니다. 경험이라는 것이 단순히 행동하고 만지고 하는 것만을 말하는 것이 아닙니다. 경험 속에서 느끼는 감정의 다양한 변화들도 경험에 포함됩니다. 결국 글을 쓸 때 감정의 묘사까지 세밀하게 할 수 있게 됩니다.

글을 잘 쓰는 아이를 보면 보통 두 부류가 있습니다. 독서량이 많은 아이 또는 경험 및 체험이 많은 아이죠. 그 둘을 다 겸비한다면 더욱 좋고요. 예전에는 방학 때만 가정에서 체험학습을 할 수 있었습니다. 하지만 지금은 학기 중에 신청서만 내면 출석으로 인정을 받으면서 다녀올 수 있습니다. 다양한 체험을 계획하셔서 방학뿐 아니라 봄, 가을에도 아이들에게 의미 있는 체험을 하게 해주시기 바랍니다. 그러한 경험들이 글쓰기에 아주 좋은 소재 및 글감이 됩니다.

요즘 초등 자녀를 둔 부모는 평일에 '가정 체험학습'을 신청하고 가족 여행을 다녀오기도 하더라고요. 며칠까지 출석 인정이 되나요?

모든 초등학교가 며칠까지라고 못 박듯이 날짜를 일괄적으로 정하지는 않았습니다. 초중등교육법 시행령 48조 5항에 따르면, 학교장이 보호자의 동의를 얻어 허가할 수 있고요. 학칙이 정하는 범위 안에서 수업으로 인정된다고 명시되어 있습니다. 결론은 학교마다 정해진 학칙에 따라 출석이 인정되는 날짜가 약간씩 다를 수 있습니다.

제가 근무하는 학교를 예로 들면, 1회당 연속 열흘 이내로 신청이 가능하고요. 총 체험학습 일수가 전체 수업 일수의 10퍼센트 이내로 출석을 인정합니다. 1년 중 수업 일수를 192일 정도로 잡으면 총 체험학습 일수로 19일 정도까지 인정해주는 셈이죠. 분명한 건 학교 학칙에 따라 약간씩 다릅니다.

학교에서 학칙으로 정한 가정 체험학습 일수가 넘어가면요?

결석이 됩니다. 여기서 유의하실 점이 있습니다. 학칙으로 정한 교외 체험학습 기간을 초과한 결석은 생활기록부상 '결석'으로 처리됩니다. 초등교육이 의무인 현 상황에서 자칫 과도한 가정 체험학습 신청으로 인한 아이들의 학습권이 침해되는 것을 막고자 하는 의미이고요, 또 요즘 아동학대에 대한 관심과 염려가 큽니다. 가정 체험학습을 신청해놓고 학교를 보내지 않고 학대 혹은 방치할 수 있는 여지를 차단하기 위해서입니다.

가정 체험학습은 학교에 안 가니까 아이들이 좋아하겠어요.

정말 좋아하지요. 다른 친구들은 등교하는데, 본인은 체험학습을 위해 어디론가 간다는 것만으로도 무척 기다리는 시간이 되지요. 또 학급에서 모든 가정이 다 가정 체험학습을 신청하는 건 아닙니다. 그러니 가정 체험학습을 가지 않는 학생은 부러움을 느끼기도 하고요.

가정 체험학습이 교육적으로 어느 정도 효과가 있을까요?

전적으로 사례에 따라 다르다고 말씀드릴 수 있습니다. 어떤 학생은 2박 3일간 가정 체험학습에 다녀와서 가장 기억에 남은 것이 "점심 때 먹었던 돈가스"라고 말하기도 합니다. 교육적으로 긍정적 효과를 보려면 가정 체험학습을 하기 전 자녀와 함께 의논하는 과정이 필요합니다.

의논을 어떻게 하나요?

대부분은 가정에서 이렇게 합니다. 아빠나 엄마의 휴가에 맞춰 가정 체험학습 날짜와 장소를 정하시죠. 그런 과정에서는 별로 의견을 나누는 과정이 없습니다. 이미 부모님이 휴가 계획을 다 잡아놓고 아이도 같이 휴가를 보내니까요. 제가 말씀드리고 싶은 가정 체험학습은 부모의 휴가에 덤으로 따라가는 가정 체험학습이 아니고요. 자녀가 체험하고 싶은 주제나 테마 혹은 콘텐츠를 갖고 하는 체험학습을 말합니다. 그런 경우라면 아이의 의견 수렴이 반드시 필요하죠.

휴가 기간 이외에 별도로 시간을 마련해서 가정 체험학습을 준비한다는 게 부모 입장에서는 좀 부담되지 않을까요?

가정 체험학습을 꼭 며칠씩 먼 곳으로 다녀와야 한다고 생각한다면 부담이 됩니다. 하루 정도 알차게 다녀오는 것도 괜찮습니다. 오히려 저는 일일 가정 체험학습을 생활화하는 것이 교육적으로는 더욱 효과가 있다고 생각합니다. 가정에 부담도 덜고요.

하루 정도면 부모님도 부담이 없겠네요.

맞벌이 부모라도 며칠씩 휴가를 내기보다는 회사 업무에 지장이 없을 때 하루 월차를 내는 게 부담도 덜 하죠. 아이와 같이 이야기해서 하루 정도 함께할 수 있는 프로그램을 정하면 됩니다. 꼭 멀리 가지 않아도 됩니다. 가까운 서점, 영화관, 극장, 박물관, 산이나 바다 등 동네 근처에서 누릴 수 있는 것을 찾으면 됩니다. 그리고 꼭 무슨 체험을 해야 한다는 생각도 내려놓으셔도 됩니다.

체험을 하지 않으면… 뭘 하죠?

요즘 초등 고학년이면 사춘기에 들어가는 학생들도 제법 많습니다. 특히 여학생은 더욱 그렇고요. 엄마나 아빠가 학기 중에 한 달이나 두 달에 한 번 정도 가정 체험학습 신청을 하고 함께 이야기를 나누는 시간으로 활용하셔도 됩니다. 평소 학교, 학원을 오가던 일상을 멈추고, 가까운

공원을 한가한 오전에 산책하거나 커피숍에 데려가서 느긋하게 햇볕을 쬐며 팥빙수를 사 먹는 것만으로도 아주 좋은 가정 체험학습이 될 수 있습니다. 자녀와의 관계에 뭔가 답답하고 잘 풀리지 않는 것이 있다고 여기신다면 저는 하루 정도 가정 체험학습 신청을 하고 자녀와 대화하는 시간을 가지시라고 말씀드리고 싶습니다.

자녀와의 관계 회복을 위한 시간도 되겠네요. 이런 가정 체험학습을 할 때 부모 입장에서 유의할 점은 뭐가 있을까요?

너무 많은 체험을 계획하는 것을 유의하실 필요가 있습니다. 학교에서 진행하는 외부 체험학습과 가정 체험학습을 비교했을 때, 가정 체험학습의 가장 큰 장점은 오로지 내 자녀 한 명에게 맞춤식으로 진행할 수 있다는 겁니다. 아이의 눈높이와 흥미에 집중해서 유연성 있게 적용하셔서 그 장점을 최대한 활용하시라고 말씀드리고 싶습니다.

박물관에 간 경우, 모든 것들을 다 둘러보지 않아도 됩니다. 아이가 관심을 갖고 오랫동안 보고 싶은 것이 있으면 그곳에 멈춰서 충분히 관찰하고 활동하는 시간을 갖게 해주시면 됩니다. 더불어 짤막하게라도 사진 및 기록을 남겨서 정리해놓는 것도 아주 좋습니다. 특히 이런 기록들이 쌓이면 추후 좋은 글감으로 사용할 수도 있고요. 그리고 일단 기록을 남겨 놓은 습관 자체가 글쓰기 능력 향상에 아주 좋습니다. 글을 쓴다는 것은 메모하는 습관부터가 시작이거든요.

요즘 초등학생들이 가정 체험학습으로 가장 가고 싶어 하는 곳은 어딘가요?

대부분 놀이공원을 말합니다. 그렇게 대답하는 이유가 있습니다. 보통 이렇게 물어보기 때문이죠. "가정 체험학습 갈 건데, 어디로 놀러 갈래?" 잘 노는 것도 분명 의미가 있지요. 하지만 일단 놀러 간다고 이야기하면 정말 가서 놀기만 하려고 합니다.

그럼 어떻게 물어봐야 하나요?

이렇게 하시면 됩니다. "이번 주 수요일 학교 공부 말고, 엄마랑 체험학습 갈 거야. 이번 테마는 역사야. 네 사회책 보니까 요즘 한국 근대역사를 배우던데. 엄마 생각에는 서대문 형무소를 가서 보고 오면 어떨까해."

이렇게 구체적 테마를 정해주시는 것이 좋습니다. 그러면 아이도 엄마가 제시한 한계 안에서 대답하지요. "엄마, 서대문 형무소 말고 덕수궁 가서 고종 임금님이 커피를 즐겨 마시던 곳을 보고 싶어요"라고 말이죠.

그 정도까지 얘기할 수 있다면 아이도 부모도 굉장한 수준인 것 같은데요. 이렇게 테마를 한정하면 아이들이 답답해하지 않을까요?

학교에도 정해진 수업시간표가 있습니다. 가정 체험학습도 큰 줄기를 가지고 있어야 교육적인 효과를 얻을 수 있습니다. 그것이 역사가 될 수도 있고, 음악이 될 수도 있고, 스포츠가 될 수도 있습니다. 큰 맥락 없이 그저 이것저것 체험해보면 되겠지 하면 결국 남는 것은 맛있게 먹었던 '돈가스'밖에 없습니다. 아이들이 그렇게 테마를 정한 가정 체험학습에 "재미없을 것 같아요. 그냥 놀러가요"라고 말한다면, 간단하게 대답해주시면 됩니다.

"그렇구나. 테마가 있는 건 재미없구나. 그럼 그냥 학교 가자."

아마 갑자기 역사 체험학습에 대한 흥미가 확 생길 겁니다.

뭘 할지 막연하다는 부모님을 위해서 예시 프로그램을 몇 가지 짜주세요.

서울을 예를 들어, 하루 가정 체험학습 위주로 말씀드리겠습니다. 서울의 역사와 문화를 느끼는 체험을 하고자 한다면 '서울시티투어버스'

를 활용하시면 좋습니다. 코스가 다양한데요, 코스 지도를 펼쳐놓고 자녀와 함께 어떤 곳에 들르면 좋을지 논의하고 정합니다. 운전하고 주차하는 것에 신경 쓸 것도 없고요. 버스에 앉아 대화를 나눌 수 있고, 원하는 장소에 내려 충분히 시간을 가질 수도 있습니다. 하루 만에 모든 코스를 다 돌기보다는 서너 번 나누어 진행하는 연속성을 가질 수 있습니다.

체력과 자연 체험을 동시에 하고 싶다면 가까운 등산 코스를 추천합니다. 북한산만 해도 무척 다양한 하루 코스가 있습니다. 올해 가정 체험학습 테마는 '산'이라고 정하시고 한 번씩 다른 코스로 다녀오는 것도 좋습니다. 계절의 변화도 느낄 수 있고요. 단, 초등 아이들이 산에 오르기만 하는 것은 힘들어할 수 있습니다. 천천히 올라가면서 다양한 곤충이나 벌레들을 관찰하는 여유를 주시는 것이 좋습니다.

마지막으로 문화재청 사이트를 활용하시라고 말씀드리겠습니다. 전국 각 지역별 문화행사를 실시간으로 소개해주고 있습니다. 아이에게 특색 있는 문화 체험을 할 수 있는 기회를 마련하실 수 있을 겁니다.

마지막으로 초등 자녀의 '가정 체험학습'에 대해 정리해주세요.

가정 체험학습도 엄연히 '학습'입니다. 그날은 엄마라는 이름 대신 '엄마 선생님'이라고 생각하셔야 합니다. 그래야 방향성을 잃지 않고 의미 있는 체험학습을 할 수 있습니다. 누군가를 가르치는 일에는 상당한 책임이 따릅니다. 학교를 대신해 하루 혹은 며칠 동안 그 역할을 수행하는 겁니다. 그저 편히 노는 시간이라 생각하지만 않으셨으면 좋겠습니다.

아이들의 변화는 자신에게 의미 있는 작은 경험에서 시작됩니다. 그러한 소중한 경험을 만날 수 있는 기회를 어떻게 하면 제공할 수 있을지 고민하고 준비하시기 바랍니다. 학교 공부만으로는 채울 수 없는 멋진 시간이 될 겁니다. 그러한 체험 시간의 축적은 그리고 기록으로 남겨 놓는 작업은 소중한 추억으로만 간직되는 것이 아닙니다. 아이들이 쓰는 글을 살아 있게 만들어줍니다. 살아 있는 글이냐 아니냐의 차이는 그 생생함에서 나옵니다.

아이들의
상상력을 자극하는
'취미활동' 찾는 법

초등학생들의 다양한 취미활동은 글쓰기와 어떤 관계가 있나요?

    초등학생들이 쓴 글을 읽으면서 감동을 받거나 참 잘 썼다는 생각이 드는 것은 아이들의 실제 경험을 묘사한 글을 봤을 때입니다. 그 경험 속에 포함된 아이의 고유한 생각과 느낌이 문장으로 표출될 때 살아 있는 생생함과 신선함으로 다가오죠. 그런 아이들은 자신만의 분명한 취미가 있습니다. 취미라는 건 다른 말로 표현하면 자주 경험하는 무언가가 반복적으로 있다는 것이죠. 다양한 취미활동에 자주 몰입하는 아이들일수록 그 아이가 어떤 글을 써야 할 때, 많은 글감(글 소재)을 가지고 있다고 볼 수 있습니다.

그럼 요즘 아이들 어떤 '취미생활'을 하고 있나요?

몇 년 전, 초등학습연구소에서 전국 초등학생 3,290명을 대상으로 '취미생활'에 대한 설문을 했습니다. 응답자의 95.5퍼센트가 취미생활이 있다고 응답했습니다. 1위는 수영, 야구, 축구와 같은 운동이었습니다. 2위는 노래, 춤, 피아노 같은 음악이었고요. 3위는 유튜브, SNS 활동, 게임 같은 IT 분야였습니다.

취미생활이라는 건 즐거워서 하는 거잖아요. 그렇다면 초등학생들이 운동, 음악, IT 활동을 좋아해서 하고 있다고 생각해도 되겠네요.

좋아해서 하고 있다고 판단해도 됩니다. 그런데 개인적인 생각으로 정말 좋아하는 순위는 설문 결과와는 다를 수도 있습니다.

1위가 운동, 2위가 음악, 3위가 IT 활동이었는데요. 선생님이 예상하는 순위는 어떻게 되시나요?

1위 운동, 2위 음악이라는 순위는 사실 의미가 없습니다. 아마도 설문에 참여한 남녀 비율 중 남학생이 더 많았을 거라 조심스럽게 추측해

봅니다. 또는 공부 이외의 사교육에서 운동과 음악이 대부분을 차지했기에 그런 결과가 나왔을 겁니다. 초등학생들이 적어도 운동 및 음악 관련 활동을 한두 가지씩 다녀봤을 가능성이 있기 때문이죠. 그런데 현실적인 제약만 없다면 초등학생들이 가장 좋아하는 취미는 운동과 음악을 제치고 'IT 활동'이 될 겁니다.

현실적인 제약이란 게 뭔가요?

현실적인 제약이란, 부모의 지지와 응원이 부족한 상황을 말합니다. 운동 및 음악 관련 활동은 부모들이 학원을 보내서라도 익히게 합니다. 어른이 되어 신체적으로 건강하고 정서적으로 좋을 것 같다는 판단 때문이죠. 하지만 IT 활동은 다릅니다. 스마트폰 중독, 인터넷 게임 중독뿐 아니라 심리 정서적으로 좋지 않은 영향을 미친다고 생각하기 때문에 제재가 먼저 가해집니다. 그러함에도 불구하고 IT 활동이 3위라는 건, 남학생 여학생 할 것 없이 IT 활동이 미래의 잠재적 취미활동 1위가 될 확률이 높다는 걸 보여줍니다.

잠재적 취미활동 1위가 유튜브, SNS, 게임 같은 IT 활동이 될 가능성이 있다면 부모님들은 걱정이 많을 것 같은데요?

실제로 학부모를 대상으로 한 조사도 있었는데요. 내 자녀의 취미활동으로 희망하는 것 1순위가 운동으로 압도적이었고요. 2위가 음악이었습니다. 그리고 3위는 이렇다 할 게 없었습니다. 아마도 내 자녀가 '나의 취미는 유튜브 보기'라고 말한다면, 이런 반응을 보일 부모님이 많을 겁니다. '시간 낭비 말고, 공부해라'라고 말이죠.

1위 운동, 2위 음악이라는 건 부모의 희망이 반영되었을 가능성이 있네요. 그럼에도 'IT 활동'이 3위에 나타난 이유가 뭘까요?

부모가 자녀의 취미활동으로 IT 활동을 순위에 두지 않았습니다. 그럼에도 세 번째 순위에 들어 있는 이유는 간단합니다. 아이에게 수영 해라, 피아노 해라 시켜놓고 정작 부모는 운동이나 음악 활동을 하지 않고 스마트폰을 더 많이 보고 있기 때문입니다. 설문조사에서, 초등학생들이 아직 마음껏 하지는 못하지만, 가장 해보고 싶은 취미 1위는 IT 활동입니다. 나도 언젠가 어른이 되면 엄마처럼, 혹은 아빠처럼 마음껏 스마트폰을 만지작거리고 싶다는 강한 열망이 내재되어 있는 거죠.

이제 IT 활동을 안 하고 살 수 있는 시대는 아니잖아요. 그렇다면 IT 관련 취미활동도 바람직한 방향으로 이끌어줘야 하지 않을까요?

인터넷 중독이나 게임 중독과 같은 것들에 대한 예방 활동은 강화하면서, IT 관련 창작 활동을 지속하는 방향으로 가야 합니다. 그러한 노력이 학교 현장에서는 반영되고 있고요. 그런데 제가 오늘 제기하고 싶은 문제는, 초등학생들의 취미가 너무 제한되어 있다는 겁니다. 초등학생들이 자신이 좋아하는 취미를 찾지 못한다는 사실입니다. 운동과 음악은 부모가 시켜서 해본 것이고, IT 활동은 중독성이 강하고 친구들로부터 알게 된 것이죠. 정작 자신에게 맞는 취미를 찾아보기엔 활동 반경이 턱없이 부족합니다.

이런 상황에서는 아이들이 다양한 글감을 얻을 경험이 부족합니다. 진짜 좋은 글은 경험을 바탕으로 그에 상상력이 추가될 때입니다. 그나마 독서를 많이 한 아이들은 간접경험이 축적되어 비슷한 역량을 보입니다. 그런데 독서도 부족하고, 취미도 부족하면 글쓰기가 매우 어렵게 되죠.

자신에게 맞는 취미활동을 경험하게 해주려면 어떻게 해야 하나요?

아이들이 가장 좋아하는 행위는 무언가를 만들어내는 겁니다. 이건 영유아기도 마찬가지입니다. 심리학자들이 항문기, 배변기라는 용어를 만들어가며 중요시하는 이유도, 변을 배출한다는 것이 최초의 창조 행위이기 때문입니다. IT 활동 중 유튜브가 상당 부분 차지하는 이유도, 누구든 쉽게 만들어서 올릴 수 있는 잠재적 창조 행위에 대한 부러움 때문입니다. 아이들에게 정말 자기가 좋아하는 취미를 갖게 해주려면 무언가 만들어내는 기회를 자주 주어야 합니다. 그 과정을 통해 자신에게 맞는 진짜 취미를 찾을 수 있습니다.

그렇다면 지금 부모들이 제시하는 운동이나 음악 활동만으로는 진짜 좋아하는 취미를 찾기 어렵다는 건가요?

부모들이 보내는 사교육 운동 및 음악 활동을 잘 살펴보면 창조 활동이라기보다는 단계별 학습입니다. 태극 1장부터 8장까지, 수영 자유형부터 시작해서 배형, 평형, 접형까지, 피아노 바이엘에서 체르니까지 적어도 어느 수준 정도까지 할 수 있게 하는 걸 목표로 최소 1년 이상 꾸준히 다니게 하죠. 그리고 부모가 이 정도면 되었다 하는 수준이 되면 더는 배우지 않도록 합니다. 왜냐하면 공부할 시간이 부족하니까요. 또 그쯤 되면 아이들도 지겨워서 그만 다니고 싶어 하고요. 안타깝지만 부모가 멈추게 한 그 순간부터가 관련 창작 활동을 할 수 있는 기본 기술을 갖춘 상태입니다. 그런데 정작 재밌게 뭔가 만들고 구성할 수 있는 단계에서 그만두게 하죠. 아이들 기억엔 힘들게 익히고 배운 기억밖에 남지 않습니다.

그럼 지금 상황에서 우리 아이들이 정말 좋아하는 취미활동을 찾을 수 있는 대안을 제시한다면 어떤 게 있을까요?

어떤 활동이든 익히기와 새롭게 구성해보는 활동이 병행되어야 합니다. 태극 3장을 배우고 나면, 그걸 응용해서 실제 생활에 활용되는 호신술 동작을 만들어보게 하는 겁니다. 피아노로 젓가락 행진곡을 배우면, 리듬을 바꿔가며 나만의 젓가락 행진곡을 만들어보도록 하고요. 책의 줄거리 요약식의 독후감만 쓰는 것이 아닌, 주인공의 성격을 바꿨을 때 이야기가 어떻게 다르게 전개될지 글짓기를 할 수 있는 기회를 주는 겁니다. 요리 도구를 이용한 음식 만들기, 미술 활동 등 창작 활동은 많습니다. 부모의 시선이 공부, 운동, 음악 이렇게 한정되어 있을 뿐입니다. 그것도 모두 단계별 학습 또는 익히기에 말이죠. 이런 좁은 학습의 시야에서 벗어나야 합니다.

다양한 창작 활동을 병행하는 게 아이들이 좋아하는 취미활동을 찾는 데 도움이 된다는 건데요. 근데 취미라는 게 꼭 뭘 만들어내지 않아도 활동만으로도 즐겁지 않나요?

1학년 담임교사가 칠판에 글씨를 예쁘게 쓰면, 1년 뒤 아이들도 담임의 글씨를 닮아갑니다. 담임교사가 미술, 음악, 컴퓨터, 글짓기 등 어떤 분야에 전문성을 지니면, 그 반 아이들도 1년 뒤 그 분야에 대한 관심이 많아지고 관련 재능을 지닌 아이의 수준이 일정 부분 눈에 띄게 상승합니다. 겨우 1년임에도 말이죠. 초등 및 그 이전 시기는 모방과 습득이 빠릅니다. 취미생활은 평생의 활동입니다. 정말 즐거운 취미생활을 자녀에게 찾아주시려면, 부모가 직접 자신의 취미생활을 즐기셔야 합니다. 하지만 지금 많은 부모들이, 나는 바빠서 스마트폰 보는 것 말고는 누릴 수 있는 게 없다고, 우리 아이들에게 매일같이 보여주고 계십니다.

자녀의 취미활동에 대해, 마지막으로 정리해주시죠.

초등학생 부모 중 많은 분이 어린 시절 피아노나 태권도 학원을 다녀 보셨을 겁니다. 한번 되짚어 보시기 바랍니다. 지금 그것을 취미로 하고 계신가요? 그렇지 않다면 이유는 한 가지입니다. 익히기만 하고 즐겁게 누리는 창작의 과정이 없었기 때문입니다.

우선 부모인 내가 정말 좋아하는 것은 뭔지부터 다시 질문해보시기 바랍니다. 질문에 대한 답을 찾으면 그것을 소소하게 즐겨 행하시기 바랍니다. 지금은 바쁘니 퇴직하면 찾아야지 하지 마시고요. 그걸 누리는 모습을 본 자녀들 역시 자신에게 맞는 걸 찾아 나갈 겁니다.

그 어느 때보다 우울증이 걸리기 좋은 시대에 사는 아이들입니다. 인생에 뭔가 스스로 즐기는 취미가 있다는 것, 그것 하나만으로도 천만다행일 정도로 좋은 무기를 하나 주는 겁니다. 취미가 있다는 건, 언제든 새로운 글을 쓸 준비가 되어 있다는 것과 같습니다. 아이들의 좋은 글은 경험과 상상에서 나옵니다. 그 경험은 많은 경우 취미활동에서 시작됩니다.

융합교육이란 무엇이고,
언제부터
준비해야 하나요?

"좋은 글을 쓰기 위한 방향은 '융합'을 지향해야 한다"고 하신 말씀이 무슨 말인가요?

아이의 글에는 생각보다 다양한 인물, 소재, 물건, 사건 등이 등장합니다. 이런 것들이 어떻게 해서든 서로 연결점들을 갖고 있지요. 그 과정이 융합입니다. 융합이 잘 된 글을 읽다 보면 시간 가는 줄 모르죠.

요즘 '융합교육'이라는 말도 많이 하는데, '초등 융합교육'은 좀 낯설어요. 어떤 것을 말씀하시는 건가요?

대한민국 교육부에서 미래지향적 교육으로 표면에 내세우는 것이 있습니다. 바로 '창의', '인성', '융합' 교육입니다. 창의 및 인성 교육은 쉽게 감이 오실 겁니다. 융합교육은요, 쉽게 표현하면 교과 간의 벽을 허무는 겁니다. 교과통합교육이라 하기도 하고요. 중등교육에서도 문과, 이과를 나누는 것이 이제 의미가 없어지는 추세인데요. 근본 교육철학 이면에는 '융합'이라는 단어가 있습니다. 폭넓게 표현해서 교과뿐 아니라 타인, 사상의 '조화'를 추구하는 교육이라고 할 수 있습니다.

'조화'를 추구하는 교육, 설명을 들을수록 더 모호한 느낌이에요.

개념에 대한 설명에 구체성이 없으면 안개 낀 도로처럼 답답한 것이 사실입니다. 최신 자동차가 나왔습니다. 누구는 엔진 성능에 대해 평가를 하고, 누구는 외관에 대한 찬사를 보냅니다. 또 다른 사람은 안정성 및 연비, 가격에 관심을 보이지요. 어떤 사람은 실내공간의 편안함에 대해 말하고요. 이렇게 하나의 자동차를 바라보는 시선이 다 다릅니다. 자동차를 만드는 회사는 이러한 복합적 요소를 최대한 고려해서 차를 만들죠. 융합은 이러한 수많은 변수를 총괄 및 조정할 수 있는 능력을 말합니다. 그러기 위해서는 산 전체를 조망하는 시선을 유지할 필요가 있지요. 융합은 한 분야에 치중하기보다는 다양한 분야의 능력을 최대치로 끌어올리면서 동시에 전체적으로 어떻게 배치하면 멋진 결과물이 탄생

할 수 있을까를 판단하는 능력입니다. 그래서 조망과 조정의 능력이 절대적으로 요구되지요.

그렇다면 정말 중요한 미래지향적 능력 중 하나인데요. 그런 걸 초등 시기부터 교육할 수 있나요?

초등학교 시절부터 교육할 수 있는 것이 아니고요. 대한민국의 교육 시스템상 초등 시기에 교육하지 않으면 나중에 얻기 어려운 능력입니다.

그렇게 중요한 능력인데, 초등 시기가 아니면 어렵다고요?

그렇습니다. 그나마 입시교육에서 가장 멀리 떨어져 있는 초등 시기에 마음껏 융합교육을 시도해볼 수 있다는 의미입니다. 가장 좋은 것은 초등에 이어 중등까지 지속되면 좋겠지만, 입시와 가까워지는 학년이 될수록, 융합보다는 교과 하나하나의 내신 및 영역별 수능에 더 초점을 맞추게 되지요. 융합과는 멀어지는 것이고요.

그렇다면 초등 자녀의 융합적 능력을 어떻게 키워나갈 수 있을까요?

방법을 말씀드리기 전에 질문을 좀 드리겠습니다. 동물 이름 다섯 개만 말씀해주세요.

동물 이름이요? 토끼, 다람쥐, 사자, 호랑이, 뱀.

잘하셨습니다. 그럼 이번에는 또 다른 동물 다섯 개를 말씀해주세요.

또 다른 동물이요? 강아지, 박쥐, 곰, 캥거루, 원숭이.

정말 잘하셨습니다. 또 질문을 드릴게요. 다른 동물 다섯 개를 말씀해주시겠습니까?

생각해낼 수는 있겠지만 계속 이렇게 해야 하나요? 머리를 쥐어짜야 할 것 같은데 설마 이게 융합교육인가요?

지금 제가 계속 단순하게 질문을 드린 내용은 어떻게 해서든 인풋(input)했던 지식을 아웃풋(output)하는 능력을 키워주는 교육입니다. 보통 우리가 시험 전에 열심히 외웠다가 시험 기간 동안 모든 내용을 쏟아내듯이 말이지요. 이건 융합이 아니라 복사이지요.

이것이 융합과 무슨 연관이 있다는 건지요?

비교하기 위해서입니다. 융합에 들어가기 전에 방금 했던 질문들, 초등학교에서도 중요합니다. 이렇게 주입했던 지식을 자꾸 꺼내 쓰는 연습은 뇌의 기억 총용량을 늘려줍니다. 쉽게 표현하면 컴퓨터 내장메모리의 바이트 수를 늘릴 수 있습니다. 자녀의 뇌가 1기가바이트의 용량을 갖게 할지, 100기가바이트의 용량을 갖게 할지는 이렇게 인풋과 아웃풋을 자주 시키면 됩니다. 하지만 융합은 이렇게 뇌의 총용량을 어느 정도 확보해놓은 다음에 시작할 수 있습니다. 왜냐하면 기본 정보가 필요하기 때문인데요. 기본 정보를 바탕으로 또 다른 차원의 연결이 이루어지는데 이것이 융합입니다.

또 다른 차원이라, 설명이 좀 더 필요합니다.

마찬가지로 질문을 드리겠습니다. 가장 좋아하는 동물 하나를 말해주세요.

오늘은 제가 질문을 많이 받네요. 제가 좋아하는 동물은 토끼입니다.

분명 좋아하는 이유가 있으시겠지요. 그럼 이제 가장 혐오하거나 싫어하는 동물을 하나 말씀해주세요. 뭐, 벌레 종류도 괜찮습니다.

제가 가장 싫어하는 동물은 뱀입니다.

가장 좋아하는 동물은 토끼, 싫어하는 동물은 뱀이라고 하셨습니다. 그럼 이 정도 상황까지 왔을 때, 학생들에게 마지막 미션을 주는 겁니다. 네가 가장 좋아하는 동물 토끼와 싫어하는 동물 뱀을 등장시켜서 재미있는 이야기를 만들어보라고 하는 겁니다.

재미있는 이야기를 만드는 게 융합과 어떤 관계가 있나요?

동물들 이름에 대한 기억은 수많은 정보일 뿐이지요. 그런데 가장 좋아하는 동물과 싫어하는 동물을 등장시켜서 이야기를 만들어낸다는 것은 내가 좋아하는 것과 싫어하는 것의 연결점을 찾아보라는 것과 같습니다. 그것이 바로 융합이지요. 마치 연결고리가 전혀 없을 것 같은 대상을 하나의 무대에 올려놓고 분해하고 다시 결합하면서 연결점을 찾는 것이지요. 그러기 위해서는 처음 언급했던 전체적 조망의 시선이 요구되고요. 더 나아가 조화의 단계에 이르는 것이지요.

이렇게 연결점이 없는 듯한 내용을 주고서 학생들에게 이야기를 만들어내라고 하면 잘 만들어내나요?

기가 막히게 잘 만들어냅니다. 처음에는 황당해하지만 이내 연결점을 찾아냅니다. 왜냐하면 한 번도 시도해보지 않은 작업이기 때문에 재미있다고 생각하거든요. 그리고 몰입하는 과정 중에 연결점을 찾아내거나 아니면 그냥 만들어버리죠. 그런 과정을 거치면서 이야기를 만들고 자신이 만든 이야기를 다듬으며 글을 쓰는 경험을 하게 되면, 글쓰기가 즐거워집니다.

이렇게 서로 대비되는 것을 연결하는 과정이 융합이군요. 정말 중요한 교육이라는 생각이 듭니다. 그런데 결국 입시교육을 하다 보면 결국은 다시 주입식 교육으로 가겠네요?

지금까지는 그랬지요. 하지만 속도가 느린 듯하여도 입시 역시 융합의 과정을 중요시하는 방향으로 개선되고 있습니다. 이미 기존 정보의 인출 및 분석은 빅데이터가 대신해주는 시대가 되었기 때문이지요. 더구나 인공지능이 스스로 학습하여 인출하는 속도를 인간이 넘어설 수 없고요. 그러한 모든 내용을 적절히 융합하는 사람이 인공지능을 보조

삼아서 종합적 시선으로 새로운 결과물을 만들 수 있지요. 그래서 이에 발맞추는 시도가 이루어지고 있습니다. 이미 제주 교육청에서는 전국 최초로 IB 교육과정을 도입하기로 했습니다. 인터내셔널 바칼로레아 교육과정인데요. 모든 과목에 객관식을 없애고 논술형으로 복합적인 대답을 해야 하는 대학 입시교육과정이지요. 제주도뿐 아니라 경기, 충남, 부산 등 교육자치단체에서도 이러한 IB 교육과정 도입을 검토하고 있습니다. 앞으로 점차 확대될 수밖에 없다고 봅니다.

초등 융합교육을 이야기하다가 대학 입시의 방향성까지 확대되었네요. 다시 원점으로 돌아가서, 융합 능력에 대한 정리를 해볼까요?

보통 대학교 철학과에서 철학을 본격적으로 배우기에 앞서 배우는 학문이 있습니다. 바로 논리학이지요. 논리학 내용 중에 정반합(正反合)의 원리가 있습니다. 헤겔의 변증법이라고 부르기도 하는 논리는 이런 겁니다. 기본 전제가 주어지고, 전제를 뒤집어보고, 마침내 해결점을 찾아내는 합의에 도달하는 것이지요. 그렇게 합쳐진 것이 또 다른 반대를 만나고 또 합의에 도달하는 연속성을 지니게 됩니다. 하지만 융합은 반드시 정반합의 과정을 거쳐야 하는 것이 아닙니다. 전혀 상관없는 개별성을 늘어놓고 합이 아닌 새로운 조합을 만들어내는 겁니다. 마치 산소와 수소라는 전혀 다른 기체가 만나서 또 다른 차원의 액체인 물이 되는 것과 같은 것이죠. 융합 능력이란 지식의 화학적 연결 능력입니다.

마지막으로 초등 부모에게 융합교육에 대해 당부하고 싶은 말씀은요?

조금 긴장감을 드리겠습니다. 20년 뒤 내 자녀가 30대 초반이 되었을 때, 융합과정이 필요 없는 대부분의 직업은 사라질 겁니다. 인공지능 프로그램이 대신할 겁니다. 융합적 사고방식을 요구하는 직업군은 남아 있고 계속 새롭게 만들어질 겁니다. 자녀의 교육을 융합에 초점을 맞추시기 바랍니다.

그러기 위해서는 이것저것을 마음껏 연결해보려는 시도를 용인하셔야 합니다. 그리고 융합교육을 위한 질문거리를 던져주셔야 합니다. 마치 과거 연금술사들이 여러 화학 재료를 섞어 금을 만들려고 시도했듯이 말이지요. 과거 연금술사들은 빛을 보지 못했지만, 미래에는 연금술사들만이 성공하는 시대가 될 겁니다. 교과 간의 벽을 허물고, 서로 연관 없는 것을 연결시키는 융합 능력은 비단 좋은 글을 쓰는 데만 유용한 것이 아닙니다. 우리 아이의 미래에 살아갈 중요한 종합선물이 될 그런 능력입니다.

영감보다 중요한
글쓰기 '계획 능력'
체크리스트

보통 글쓰기라고 하면 작가들이 어떤 영감이 떠올라서 막 일필휘지(一筆揮之)로 써 내려가는 걸 상상하잖아요. 그런 것과 계획해서 글을 쓴다는 건 다를 것 같은데요. 글을 쓰는 데 계획 능력이 필요한 건가요?

글을 쓸 때, 특히 어떤 이야기가 있는 글을 쓰는 데 '영감'은 중요하죠. 없어서는 안 될 요소가 맞죠. 그런데 그런 영감도 경험에서 나옵니다. 그리고 그러한 경험들이 쌓이고 축적되었다가 어느 순간 스치고 지나가는 것들에 '영감'을 받아서 글의 소재가 되죠. 하지만 진짜 글을 완성하는 과정은 여전히 긴 여정입니다.

긴 글을 잘 쓰는 아이들을 보면 영감에 머무르지 않습니다. 그 아이들의 노트를 보면 다양한 메모와 이야기 전개, 인물의 특징들을 미리 계획하고 구상해놓습니다. 철저한 계획이 글의 마지막 완결까지 끌고 나가는 힘이 되죠. 다양한 아이디어만 많은 아이는 의외로 글을 완결하지 못하는 경우도 많습니다. 번득이는 아이디어를 몇 번 끄적이다가 또다시 새로운 아이디어를 쫓아다닐 뿐이죠. 정작 한 편의 글을 시작과 마침까지 끝내는 아이들은 결국 '계획성'을 갖춘 아이들입니다. 그러한 계획 능력을 어떻게 키울 수 있는지 이야기하겠습니다.

초등학생들이 무언가 스스로 계획하고 실행에 옮긴다면 무척 기특할 것 같아요. 그런 아이들이 많이 있나요?

5~6학년 정도 되면 다이어리에 계획들을 적는 아이들이 생깁니다. 수첩에 체크리스트를 만들어서 계획한 바를 하나씩 지워나가는 아이도 있고요. 내용을 보면 공부할 목록, 숙제, 준비물 등이 적혀 있지요. 꼭 다이어리에 계획을 적지 않아도, 자기 나름대로 계획을 세우고 실천하고자 노력하는 모습을 보입니다. 그런데 그런 아이들이 많이 있다고 할 순 없습니다. 단, 그렇게 할 수 있는 아이와 하지 못하는 아이들의 간극이 빠른 속도로 멀어진다고 말할 수 있습니다.

선생님은 초등 시기에 어느 정도의 '계획 능력'을 갖추어야 한다고 보시나요?

독일의 미래학자 마티아스 호르크스는 저서에서 미래에 필요한 여덟 가지 능력을 이야기합니다. 그중 한 가지가 바로 '계획 능력'입니다. 그는 내 자녀의 계획 능력을 확인할 체크리스트를 작성했는데요. 저는 그 체크리스트 목록이 최소 초등 시기 자녀가 갖추어야 할 계획 능력이라고 생각됩니다. 읽어드릴 테니 초등 부모께서는 내 자녀는 몇 개 정도 가능한지 확인해보시기 바랍니다.

초등 부모님들이 긴장하시겠는데요. 내 자녀의 계획 능력이 어느 정도인지 알 수 있도록 천천히 말씀해주시죠.

총 8개 목록이 있습니다. 말씀드리기 전에 이건 참고용이지 절대 기준으로 삼으시면 안 됨을 당부드립니다. 특히 나이가 어릴수록 어려울 수 있다는 점을 감안하셔야 합니다. 그럼 말씀드리겠습니다.

1. 내 아이는 스스로 숙제를 한다.
2. 집안일(쓰레기통 비우기, 꽃에 물주기 등) 같은 집에서의 책임을 잘 수행한다.

3. 목표에 도달할 때까지 책임을 다한다.

4. 계획을 세울 줄 안다.

5. 자신의 생일파티를 계획할 수 있다.

6. 혼자 물건을 살 수 있다.

7. 식사 준비를 할 수 있다.

8. 책상 정리를 할 수 있다.

목록을 들어보니 계획 능력이 꼭 어떤 계획에만 국한되는 건 아니네요. '혼자 물건 사기', '책상 정리' 같은 것도 있어요. 이런 게 왜 계획 능력에 해당하나요?

무언가를 계획한다는 것에 앞서 반드시 선행되어야 하는 것이 있습니다. 바로 자기주도적 능력입니다. 계획하는 주체가 바로 자기 자신이 되어야 하기 때문이죠. 혼자 물건을 사거나 책상 정리를 하기 위해서는 스스로 순서를 정해서 혹은 중요성에 우선순위를 정해야 합니다. 자연스럽게 계획 능력이 발달하고 자리 잡게 됩니다. 이런 우선순위를 정하는 것 자체가 나중에 긴 글을 쓸 때 목차를 스스로 만들어 나가는 능력을 키우게 합니다.

그럼 아이들의 계획 능력을 키워줄 수 있는 구체적인 방법들이 있을까요?

우선 4세부터 초등 입학 전 아이들을 대상으로 말씀드리겠습니다. 어머님이 평소에 하는 일들에 대해 순서 있게 대화 형식으로 자주 이야기해주는 것이 좋습니다. "자 마트에 왔어. 우선 우리 가족이 일주일 동안 먹을 음식을 살 거야. 그리고 베란다에 키울 화분을 몇 개 사고, 마지막으로 약국에 들러서 비타민을 살 거야. 혹시 네가 들르고 싶은 곳이 있니?" 그럼 아이가 나름대로 대답하죠. "열대어 보고 싶어요. 열대어 파는 곳으로 가요." 그때 순서를 정해주시는 거죠. "열대어는 모든 물건을 다 사고 보러 가자. 그러면 시간을 넉넉히 볼 수 있을 거야"라고 말이죠. 보통은 엄마를 따라 마트 이리저리 다니지요. 그러지 말고 미리 과정을 설명해주는 것이 중요합니다.

그런 말을 하려면 평소에 부모가 먼저 일의 순서를 계획하는 습관이 되어 있어야겠네요.

바로 그 점입니다. 초등 입학 전 계획 능력은 교육을 통해서라기보다는 부모의 계획 습관에 의해 습득됩니다. 그리고 부모가 자신의 계획된 일상을 자주 이야기함으로써 자연스럽게 받아들이게 되죠. 그런데 초등 저학년부터는 좀 더 다른 방법이 동반되어야 합니다.

계획된 일상에 대한 공유 말고, 또 다른 방법은 뭔가요?

　　작으면서도 반복되는 실천사항을 제시해주어야 합니다.

실천사항이라면, 구체적으로 숙제 같은 건가요?

　　예를 들면, 학교에 다녀오고 나서 해야 할 일들의 순서를 알려주는 거죠. "학교에 다녀오면 가장 먼저 손을 씻는 거야. 그리고 학교에서 준 안내문을 꺼내서 식탁 위에 올려놔. 그다음에 가방에서 필통을 꺼내고 내일 가져갈 연필을 깎아"라고 말이죠.

저학년 아이들이 그 순서대로 매일매일 하는 게 가능한가요?

　　처음부터 너무 복잡하게 많은 순서를 하라고 하면 안 됩니다. 1학년이라면 약 세 가지 정도의 것만 순서대로 해도 잘하는 겁니다. 아이들은 방금 설명해주었는데도 흥미가 없으면 금방 잊어버립니다. 부모 입장에서 무척 답답하죠. 분명 어제 순서를 알려주었는데, 오늘 또 잊어버립니다. 이럴 땐 매일 똑같은 설명을 하다가 화내지 마시고, 식탁 위에 맛있는 과자를 놓으시면 됩니다. 그리고 이렇게 이야기해주면 됩니다. "손을 씻고, 안내문을 올려놓고, 연필을 깎으렴, 그다음에 과자를 먹을 수 있단다." 그러면 아이의 뇌에 확실히 각인이 됩니다. 과자를 먹기 전 해야 할 중요한 과정이 있다고 말이요.

지난 시간 말씀하셨던 적절한 보상에 대한 이야기가 갑자기 떠오르네요. 그럼 고학년 아이들에게는 어떻게 해야 하나요?

고학년이 되었음에도 아직 스스로 가방을 싸는 데 미흡하고, 일정한 간격으로 방을 정리하는 습관이 안 되어 있다면 그것을 먼저 진행하시는 것이 좋습니다. 그런 정도의 일상 습관이 되어 있다는 전제하에 다음 단계를 말씀드립니다. 그건 바로 공동생활을 위한 작은 목표를 주는 겁니다.

공동생활을 위한 작은 목표요? 어떤 목표인가요?

가방 싸기, 방 정리는 자신을 위한 일이죠. 이제 가족을 위한 집안일입니다. 20분 정도면 적당합니다. 매일 20분 정도는 집안일을 해야 한다고 이야기해줍니다. 그리고 어떤 집안일을 할 수 있는지 정해보라고 합니다. 그러면 아이는 20분이라는 시간을 채우는 작은 목표로 계획을 세웁니다. 쓰레기 분리수거, 화장실 청소, 거실 청소기 돌리기 등등을 생각하죠. 그러한 과정을 거치면서 계획 능력이 형성됩니다. 그중 본인이 하겠다고 하는 부분을 매일같이 하게 하면 됩니다.

보통 집안일을 잘 안 시키지 않나요? 초등학생들도 학원 가고, 선행학습 하고, 숙제하느라 바쁘던데요. 고학년이면 공부에 대한 계획을 세우는 게 더 필요하지 않을까요? 부모들이 또 그걸 기대하실 거고요.

그럴수록 반드시 집안일을 스스로 하게끔 하는 기회를 주어야 합니다. 《초등 공부력의 비밀》이라는 책이 있습니다. 지난 35년 동안 밀리언셀러로 110만 부가 팔렸는데요. 그 책의 저자 기시모토 히로시는 이렇게 이야기합니다. "공부 잘하는 아이로 만들려면 매일 10~20분씩 집안일을 시켜야 합니다"라고 말이죠.

노동이라는 것이 반드시 계획적으로 순서를 정해서 해야 하는 것이기 때문에 계획 능력이 자리 잡게 됩니다. 그런 아이는 공부를 할 때도 순서를 정하고, 중요한 것과 우선으로 해야 할 것들을 스스로 정할 수 있는 능력이 자리 잡게 됩니다. 글을 쓰는 과정도 집안일을 하는 과정과 다르지 않습니다. 순서가 있지요.

그리고 집안일도 경험입니다. 계획된 경험들이 많을수록, 결국 완성된 글을 쓰는 확률을 높여줍니다. 글은 결국 완결까지 마침표를 찍어야 그 역할을 제대로 하게 되죠.

그럼, 계획 능력을 키우는 데 방해되거나 피해야 하는 건 뭐가 있을까요?

부모가 보기에 아이가 스스로 생각한 계획이 무척 어설프고 틀린 것 같이 보여도 일단 지켜보는 것이 필요합니다. 보통은 계획부터 부모가 개입하는 경우가 많아요. "그렇게 순서를 정하면 안 되지"라고 말이죠. 계획은 어디까지나 계획입니다. 계획이라는 것은 언제든 수정할 수 있고, 상황에 따라 변경 가능한 것이죠. 계획하는 단계부터 개입하고 틀렸다는 뉘앙스를 자주 겪으면, 아이는 계획 세우기를 두려워합니다. 수정하면 안 되는 완벽한 계획을 세워야 하기 때문이죠.

계획보다 더 중요한 건 계획한 것을 실천하는 기회입니다. 실천하는 과정에서 계획을 보다 나은 계획으로 수정 보완하게 되지요. 그래서 일단 아이가 계획 세운 것에 대해서는 바로 개입하지 않고 실천 단계까지 들어가도록 지켜봐주는 것이 좋습니다.

마지막으로 초등 자녀의 좋은 글쓰기 습관, '계획 능력'에 정리해주시죠.

계획 능력이 글쓰기에 있어 중요한 이유는 결국 글쓰기의 마지막 문장까지 도달하는 확률을 높여주기 때문입니다. 즉흥적인 영감으로 잠시 춤을 출 순 있어도 긴 글을 완결하는 데는 부족합니다. 영감을 계속 이어나갈 소재를 찾고, 이야기를 연결하고, 글의 절정과 마무리까지 이어지는 순서도를 만들 수 있어야 합니다. 그 힘은 아이들의 계획 능력에서 옵니다. 계획 능력은 일상생활을 하는 데만 필요한 것이 아닙니다. 긴 글을 긴 호흡으로 완성하는 데 꼭 필요한 능력입니다. 우리 아이가 좋은 글을, 그것도 언젠가 책 한 권 분량의 긴 글을 쓸 수 있기를 바란다면, 계획 능력이 필수입니다.

글쓰기 습관이
학습 습관으로 연결되는
겨울방학 활용법

독서의 계절을 '가을'이라고 하잖아요. 그런데 선생님은 좋은 글쓰기의 시간을 '겨울방학'으로 잡으셨네요. 이유가 뭔가요?

글쓰기의 흐름이 끊기지 않게 할 만큼 긴 기간이 있기 때문입니다. 학기 중에 아이들이 긴 글을 쓴다는 건 매우 어렵습니다. 학교 공부, 독서, 각종 예체능 활동 등을 하다 보면 하루가 모자라죠. 글을 쓴다고 해도 호흡이 짧은 글 이상의 것을 창작하기 어렵죠. 하지만 겨울방학은 다릅니다. 1년 중 가장 긴 호흡으로 글을 쓸 수 있는 유일한 기간이죠. 그래서 저는 좋은 글쓰기 시간을 '겨울방학'이라고 말합니다.

초등학생들 겨울방학 요즘에는 언제 하나요?

서울 경기 지역 초등학교 대부분이 크리스마스 전후에 합니다.

그래도 제가 초등학교 다닐 때보다는 많이 늦은 감이 있네요. 예전에는 아무리 늦어도 12월 20일 정도면 다 했던 것 같은데요.

맞습니다. 주 5일 수업으로 정착되면서 방학이 좀 줄었지요. 학교에서 수업 일수는 아주 중요합니다. 보통 1년에 190일에서 193일 정도 사이로 수업 일수를 맞추지요. 토요일에 학교를 나가지 않으면서 대신 방학이 줄었습니다. 그래도 학생들에게는 가장 기다려지는 기간이지요.

부모님들은 방학이 시작되면 고민이 많아지잖아요. '어떻게 방학을 알차게 보낼 수 있을까?' 하는 생각에 학원도 알아보고 계실 것 같은데요.

대부분의 부모님들이 방학 동안 다닐 자녀의 학원 등록에 신경쓰죠. 또는 학교에서 진행하는 겨울방학 방과후 수업을 신청합니다. 또 자녀를 데리고 어디 잠시 여행을 다녀오는 계획도 짜시고요.

그럼 알찬 겨울방학! 글쓰기와 더불어 어떤 계획을 갖고 시작해야 할까요?

우선 기간을 명확히 잡으셔야 합니다. 대부분 1월 한 달 겨울방학을 기준으로 계획을 잡으시는데요. 그러면 짧습니다. 흐름도 끊어지고요. 겨울방학을 2월까지 60일이라고 생각하고 계획을 세우시는 것이 좋습니다.

1월 말에 겨울방학이 끝나면 봄방학 할 때까지 약 2주 정도는 학교를 나가지 않나요?

대부분 겨울방학 계획을 1월 한 달만 잡으시지요. 그렇게 생각하면 마음만 조급해집니다. 2월 초 봄방학 전까지의 시간은 대부분의 학교에서 이미 진도를 다 나간 상황입니다. 그래서 학교 진도에 대한 부담이 없지요. 아이들도 적당히 놀면서 어영부영 시간을 보내기 쉽습니다. 또 그 기간은 학교에서 대부분 오후 방과후 수업도 없고요. 계획 없이 지나다 보면 흐름만 깨지고 오후 시간을 허비하게 됩니다. 그래서 권해드리는 것은 꼭 일부러 겨울방학 중에 가족여행을 잡지 마시고, 겨울방학이 끝나고 며칠 동안 가족여행을 잡으시는 것도 좋은 방안입니다.

개학하고요? 그럼 학교는요?

개학하고 나서 종업식 하는 기간까지 대부분 진도는 다 나간 상황입니다. 수업에 대한 부담이 없지요. 차라리 그때 학교에 가정 체험학습 신청을 내고 가족여행이나 아이들이 관심 갖는 분야에 대한 현장 체험을 다녀오시는 것도 괜찮습니다. 아이들 입장에서 방학이 연장된 것 같은 기분도 들고요. 또 실제로 대부분의 아이가 학교에 가기 때문에 여행지를 가도 여유롭게 체험할 수 있지요. 가정 체험학습 신청서를 제출하면 결석도 되지 않고요. 더욱 좋은 것은 한 달이라는 방학 기간 흐름을 깨지 않고 계획한 바를 이어서 할 수도 있는 장점이 있지요. 특히 흐름이 끊기지 않은 채 장편의 글을 죽 이어서 쓸 수 있는 시간이 확보됩니다.

듣고 보니 방학 기간에 가족여행을 갈 게 아니라, 개학 직후에 가정 체험학습 신청을 해서 다녀오면, 한 달을 온전히 확보할 수 있겠어요. 그럼 그 기간 동안 어떤 것에 몰두해야 할까요?

대부분 부족한 공부를 어떻게 할까에 관심들이 많으시겠죠. 이제부터 관점을 좀 바꾸셔야 합니다.

관점을 어떻게 바꿀까요?

처음에 말씀드렸지요. 한 달 겨울방학 계획을 세우지 말고 2월까지 60일 계획을 세워야 한다고요. 이 60일은 아주 소중합니다. 단순히 부족한 학습을 채운다는 것에 초점을 맞추지 마시고요. 독서, 글쓰기, 공부, 생활 습관을 바꾸는 기간이라는 관점으로 접근하셔야 합니다.

습관이요?

일반적으로 사람이 습관을 바꾸는 데 66일이라는 시간이 필요하다고 합니다. 영국 런던대학 연구팀의 연구에서 밝혀진 내용인데요. 66일 동안 무언가를 꾸준히 하면 습관이 바뀌어 정착된다고 합니다. 개인마다 차이가 있겠지만 대략 1~2월 합친 60일과 맞먹는 기간이지요. 이 기간을 내 자녀의 습관을 바꾸는 데 초점을 맞추어야 합니다. 초등학교 6년 동안 매해 겨울방학 60일마다 좋은 습관을 하나씩 들여 나간다면 초등학교를 졸업할 시기에는 최소 여섯 가지의 좋은 습관을 몸에 익히게 됩니다. 그리고 그것은 평생을 가지요. 그 안에 지속적인 글쓰기 습관도 계획에 넣으시면 아주 좋지요.

그럼 60일 동안 어떤 습관부터 들여야 할까요?

대부분 영어도 해야겠고, 수학도 해야겠고, 독서도 해야겠고, 과학실험도 해야겠고, 글쓰기도 해야겠고 등등 생각이 많은데요. 이것저것 챙기다 보면 아이들의 부담감은 높아집니다. 그런데 이렇게 생각하셔야 합니다. 습관은 많은 양을 단기간 쏟아붓는다고 생기는 것이 아니고요. 아주 작은 양이지만 매일 반복하는 것이 중요합니다. 반복해서 60일을 채우는 것이지요. 그것도 늘 하던 어떤 일에 이어서 하면 효과가 있습니다.

늘 하던 어떤 일에 이어서 한다. 좀 더 구체적으로 말씀해주세요.

이미 학원이며 방학 중 방과후 학교를 신청하셨으면 그건 그대로 진행하세요. 제가 말씀드린 습관은 이런 겁니다. 밥을 세끼 챙겨 먹듯이 늘 해야만 하는 무언가에 살짝 학습 습관을 덧붙이는 겁니다. 예를 들면, 저녁 먹고 나면 꼭 15분씩 아주 쉬운 영어 동화책을 읽는 겁니다. 약을 복용할 때 식후에 먹는 것처럼, 저녁 식사 후 15분은 영어 동화책을 읽는 것이지요. 여행지를 가든, 방학 중 학원을 다녀오든 변함없이 진행하는 겁니다. 이렇게 60일을 하고 나면 아이는 매일 저녁 식사를 마치면 자기도 모르게 영어 동화책을 15분씩 읽는 습관을 몸에 익히게 됩니다. 중요한 건 몇 시에 읽으라고 이야기하는 것이 아니라 '저녁을 먹고 나면 읽는

다'라고 정하는 것이지요. 저녁 먹고 나서 짧은 분량이라도 어제에 이어 매일 일정한 양의 글을 쓰는 것도 아주 좋은 습관이 되지요. 그 아이는 평생 자연스럽게 글을 쓰게 됩니다.

시간을 정하지 않고 그렇게 '저녁 먹은 뒤'로 정하는 이유가 있나요?

시간으로 정하면요. 며칠 못 갑니다. 왜냐하면 매일매일의 시간 상황이 다르거든요. 저녁 7시로 정했다고 합시다. 어느 날은 7시에 외식할 때도 있고, 친척 집에 갈 때도 있고, 씻어야 할 때도 있습니다. 하지만 저녁 식사로 정해놓으면 어디서든, 언제든 저녁 식사를 하기 때문에 바로 이어서 하는 기준을 놓치지 않을 수 있습니다. 그렇다고 모든 습관을 저녁 식사 후로 하실 필요는 없습니다. 일상 안에서 매일 일어나는 일을 골라서 잡으면 됩니다.

일상 안에서 매일 일어나는 일, 그게 뭔가요?

이런 겁니다. 매일 아침 눈을 뜨지요. 그럼 60일 동안 매일 아침 눈을 뜨자마자 할 수 있는 아주 작은 일을 정해주세요. 짤막한 시 한 구절을 소리 내서 읽는다든지, 아니면 아이 수준에 맞는 사자성어를 머리맡에

놓았다가 일어나면 소리 내어 몇 번 읽게 하는 것이지요. 이것도 마찬가지로 60일을 반복하면 매일 아침 눈을 뜨면서 자연스럽게 반복하는 습관이 들여집니다. 늦게 일어나든, 일찍 일어나든 상관이 없지요. 눈을 뜨는 순간 그것을 반복하면 되니까요.

시간 계획이 아니라 반복되는 일상과 연결해서 습관을 들여야 한다는 거네요. 혹시 추가로 유의할 사항이 있나요?

있습니다. 반복되는 일상과 연결한다고 해서 한 번에 너무 많은 일상에 연관 지어 이것저것 계획하지 말고요. 최대 두 가지 정도만 1~2월 60일 동안 습관을 들여도 성공이라는 생각으로 하시면 됩니다. 그리고 그 습관은 아주 작은 것으로요. 아이들도 부담 없이 할 수 있다는 느낌이 드는 것으로 말이지요. 하지만 습관만 되면 거의 평생을 지속해서 하게 되고, 그 힘은 엄청나지요. 수학 때문에 고민이 된다면, 잠자기 전 수학 문제 하나를 읽어보고 자는 습관만 들여도 됩니다. 푸는 것이 아니라 수학 문제 하나를 읽기만 하고 잠자는 습관을 들이는 거지요.

마지막으로 초등 자녀를 둔 학부모님께 '겨울방학'에 대해 한 말씀 더 해주신다면요?

운동선수들은 겨울 동계 훈련이 다음 해 1년을 좌지우지합니다. 초등 아이들에게 겨울 60일 동안 좋은 습관 하나만 갖게 해준다면 평생을 가지고 갑니다. 너무 많은 것을 해주려고 하지 마시고요. 한 가지 목표를 정해서 60일 동안 일상생활에 덧붙여서 꾸준히 하는 습관을 들이도록 하는 데 집중하세요. 그것 하나만으로도, 그 작은 습관만으로도, 자녀의 인생이 바뀔 수 있습니다.

초등학생들에게 겨울방학이 여섯 번입니다. 그중 한 번은 꼭 글을 꾸준히 매일 연결해 완성해보는 경험을 하는 기회로 주시기 바랍니다. 짧은 단편이 아닌 짧은 단편들이 이어지는 긴 글을 완성해본 경험은 성취감 면에서도 아주 탁월합니다. 좋은 글쓰기 연습의 최적의 시간은 초등 겨울방학입니다. 초등 시기가 지나고 나서 그렇게 글쓰기에 몰입할 수 있는 긴 60일을 만나는 일은 매우 어려울 겁니다. 그 시기를 놓치지 않으셨으면 좋겠습니다.

우리 아이 자기주도력을 강화하는 습관 교육법

자기가 스스로 주도적으로 글을 쓰는 아이들도 있나요?

있습니다. 어떤 생각이나 아이디어가 떠오르면 다이어리에 적고, 재미있는 이야기를 만듭니다. 자기주도적인 독서 습관이 잡힌 아이들이 있듯이, 자기주도적인 글쓰기 습관이 잘 자리한 아이들도 있습니다.

일단 글을 쓰게 하는 것도 어려운데 스스로 글을 쓰는 아이들이 있다니 부럽다는 생각이 듭니다. 그런데 글쓰기는 물론이고 일상조차도 스스로 하는 것이 없을 때가 많아서 걱정입니다.

초등 학부모 대상 강연에 가면 자주 등장하는 질문 중 하나입니다.

"초등학교 입학하는데 스스로 알아서 하는 것이 없어서 답답합니다."

"초등학교 3학년인데 아직도 일일이 다 해줘야 합니다. 어떻게 해야 하나요?"

엄마 입장에서는 많이 답답하고 걱정도 되시죠. 또 초등 고학년이 되어도 늘 제자리인 것 같이 느껴지면 지치기도 하시고요.

아이들이 글쓰기뿐만 아니라 공부든, 독서든, 생활 습관이든 스스로 알아서 잘하게 하려면 어떻게 해야 할까요?

부모님들이 학생들에게 스스로 알아서 하기를 바라는 것이 생각보다 많습니다. 스스로 알아서 책을 읽었으면 좋겠고, 알아서 방 정리를 했으면 좋겠고, 알아서 잘 씻었으면 좋겠고, 알아서 채소를 먹었으면 좋겠고, 알아서 문제집을 풀었으면 좋겠고, 스스로 알아서 운동했으면 좋겠고요. 그런데 이런 것들은 아이들이 때가 되면 저절로 할 수 있는 것들이 아닙니다. 기본적으로 어떤 신호가 필요합니다.

어떤 신호요?

학교에는 수백 명의 아이가 있어요. 학급에는 수십 명이 있고요. 스스로 알아서 하지 않는 아이들이 모여 있죠. 그래서 종이 울립니다. 물론 종소리가 울린다고 모든 아이가 다 제자리에 앉는 건 아닙니다. 그럼 담임선생님이 말하죠. "모두 국어 교과서를 펴고 앉으세요." 두 번째 신호를 보내는 거죠. 그래도 노는 데 정신없는 아이들이 있어요. 그럼 세 번째 신호를 보냅니다. 이름을 부르죠. "철수야~ 사물함에서 국어책을 가져와서 자리 앉아." 이때쯤이면 마무리가 되죠.

그럼 집에서는 학교처럼 종소리를 낼 순 없고 어떤 신호를 주죠?

학교에 다녀오면 가방을 대충 아무 곳에나 던져놓고 노는 아이가 있어요. 그럼 엄마가 가방을 아이 방 책상 옆에 놓아주죠. 이렇게 시작된 패턴이 6년 동안 이어집니다.

책상 옆에 또는 거실 일정한 공간에 가방을 놓는 바구니를 놓아두거나 가방을 걸어두는 가방걸이를 정해주세요. 그리고 아이가 학교에 다녀오면 기쁘게 안아주세요. 가방을 던져놓기 전에 안아주는 게 신호예요. 신호라는 건 흐름을 끊어주는 거죠.

그다음에 이렇게 말하는 거죠. "수고했구나. 가방은 제자리에 걸어놓고." 아이가 그곳에 가방을 두지 않으면 명확하게 이름을 불러주세요.

"영희야, 가방!" 그리고 이왕이면 스스로 해야 할 것들이 이어지도록 만드는 것이 중요합니다.

스스로 해야 할 것들이 이어지게 만든다니 어떻게요?

가방 놓는 자리에 갈 때 한 번 더 말해줍니다.

"영희야, 가방 제 위치에 놓고, 옷 갈아입어."

하나의 생활 습관이 그것 하나로 끝나지 않고 자동으로 연결된다는 느낌이 중요합니다. 그러자면 물 흐르듯이 이어지는 환경이 준비되어야죠. 가방 놓는 자리 옆에 갈아입을 옷이 놓여 있어야 합니다. 그럼 가방을 내려놓고 바로 옷을 갈아입게 됩니다. 옷을 갈아입고 나면 숙제할 일만 남았죠. 마지막으로 엄마의 신호가 추가됩니다. "여기 딸기 먹으면서 숙제해라." 아이가 좋아하는 간식을 방으로 가져오면서 한 번 더 신호를 주는 거죠.

특히 새 학기 초에 이런 과정을 반복하는 것이 무척 중요합니다. 그래야 스스로 하는 것이 익숙해집니다.

아이들이 알아서 하면 참 좋을 텐데 이렇게 뭔가를 스스로 하려면 얼마나 반복해야 할까요?

아이마다 편차가 있는데요. 두 달 정도는 일정한 패턴으로 반복하셔야 합니다. 엄마도 힘드신 거 압니다. 늘 완벽하게 준비할 수 있는 것도 아니고요. 일단 뭔가 스스로 하는 건, 의지를 갖고 하게 하려면 실패할 확률이 높아집니다. 자연스럽고 익숙하게 만들어주는 게 중요합니다. 어떤 것들을 물 흐르듯 연결시킬까 고민해보시면 가정마다 답이 나옵니다. 그렇게 익숙해지면 오히려 아이가 엄마에게 먼저 말합니다. "엄마! 갈아입을 옷이 없네?" "엄마 나 숙제하는데 간식 좀!" 그때까지 지속하셔야 합니다.

그런데 우리 아이는 스스로 알아서 할 줄 아는 게 진짜 하나도 없다! 심하게 안된다. 이럴 땐 어떻게 하나요?

그럴수록 미리 해야 할 것과 나중에 해도 되는 것들을 구분 지어주는게 좋습니다. 성취감과 관련된 것들은 미리 하게 도와주시고, 아이가 좋아하는 것들은 나중에 하도록 구분해줍니다.

성취감과 관련된 것들을 미리 할 수 있도록 한다. 어떤 것들을 말씀하시는 건가요?

처음 배우는 것들, 주로 학교 공부와 관련된 것들이나 악기 연습처럼 뭔가 일정한 기능을 익혀야 하는 것들이 성취감과 관련된 것입니다. 항상 이런 것들을 먼저 하도록 해야 하는데, 보통 거꾸로 아이들이 요구하죠. "엄마 나 이것만 놀고 나면 할게." "그럼 30분만 놀고 나서 하렴." 패턴이 이렇게 시작되면 게임은 끝납니다. 30분 뒤에 아이는 더욱 불만족한 상황이 됩니다. 한창 재미있게 노는 순간에 엄마가 문을 열고 들어와서 그만하라고 하니까요.

엄마 입장에서 충분히 놀게 해주었으니 아이가 이제 만족하고 엄마 말을 잘 들어야 한다고 생각합니다. 정반대입니다. 한일 월드컵 경기에서 곧 한국이 득점할 것 같은 순간에 TV 그만 보라는 것과 같은 수준입니다. 해야 할 것들을 먼저 하고 아이들이 좋아하는 것을 하게 하면 그 효과는 배가 됩니다. 둘 사이에는 연관성이 없지만 아이는 성취감을 얻습니다. 내가 힘든 어떤 걸 다 해낸 뒤 얻는 보상처럼 여기죠. 그리고 다음 날 학교에 가서 전날 예습을 한 덕분에 선생님의 질문에 대답도 하고 그럼 성취감이 또 더해지고요.

무언가를 스스로 해야겠다는 아이들의 의지도 중요하잖아요. 혹시 이런 의지를 꺾는 요인이 있을까요?

여러 요인이 있는데요. 그중에서 특히 학습된 무기력을 조심해야 합니다. 아무리 스스로 할 수 있는 환경을 만들어주어도 학습된 무기력에 놓인 아이들은 좀처럼 움직이려 하지 않습니다. 관련 분야에 대해 아예 뭔가를 시도하려 하지 않죠. 특히 무기력이 급격히 형성될 수 있는 분위기에 노출되지 않는 게 중요합니다.

어떤 상황에서 무기력이 급격하게 생기나요?

학교에서 리코더나 멜로디언 수행평가를 봅니다. 이건 학교에서 연습하는 시간만 가지고는 많이 부족합니다. 집에서도 일정 시간 연습을 하고 와야 해요. 그런데 수업 중에 기본적인 설명을 잘 안 듣거나, 주간 학습 안내를 꼼꼼히 살펴보지 않아서 수행평가를 보는 날 준비가 잘 안되어 있습니다. 서술형 평가나 객관식 지필평가 같은 경우는 눈앞에 당장 보이지 않기 때문에 영향이 덜 하지만 음악, 미술, 체육 같이 평가 결과가 눈앞에 바로 보이고 또 나의 평가를 모든 친구가 다 볼 수 있다는 상대적 위치에 놓인다면 그 결과가 아이들에게 영향을 크게 줍니다.

그때 느끼는 수치심이 일종의 부작용처럼 아이에게 영향을 줍니다. 어차피 해도 저 아이처럼 잘할 수 없다는 생각에 아예 스스로 연습을 포기하죠. 학습된 무기력은 오랜 시간 반복된 실패 경험 때문에 생기는데, 이렇게 상대적 위치에 노출되었을 때는 단 몇 번만으로도 급속히 진행되기도 합니다.

그렇다고 학교에서 공개평가를 안 할 수는 없잖아요.

그래서 이렇게 평가 결과가 바로 공개되는 사안들은 미리 준비하는 과정이 필요합니다. 그나마 다행인 건 요즘에 과정평가라는 걸 우선시합니다. 아이가 수업 중에 보이는 태도, 연습과정을 담임이 조용히 체크해놓고 평가에 반영하죠. 그리고 마지막에는 평가가 아닌 발표회 형식으로 아이들이 각자의 방식으로 표현하게 합니다. 그럼 어떤 아이는 악기로, 어떤 아이는 마술로, 어떤 아이는 태권도 동작으로 또는 협업해서 그룹으로 발표할 기회도 주고요.

아이들이 뭔가 알아서 하기를 바란다면 자신만의 성취감을 얻을 기회가 자주 있어야 합니다. 그래야 힘들어도 스스로 그걸 또 하려고 합니다.

자기주도력, 정리해주시죠.

대부분의 아이는 스스로 알아서 하질 못합니다. 그래서 교육이 필요합니다. 이제 해야 할 것이 있다는 신호를 주시고요. 신호에 반응하지 않으면 이름을 불러주세요. 더불어 일의 순서를 정해주시고요. 일의 순서는 연습이 필요한 것들을 먼저 배치합니다. 그러고 나서 놀게 합니다. 그 반대로 하지 마시고요. 마지막으로 타인과의 상대평가에 무분별하게 노출되지 않도록 주의하셔야 합니다. 노출될 수밖에 없는 상황이라면 반드시 미리 준비할 수 있도록 도와주실 필요가 있습니다.

자기주도력이 습관화된 아이들은 글을 쓸 때 행복합니다. 무언가를 적는 행위만으로도 주도적인 계획이 되고 곧 실행으로 옮겨질 가능성을 높여주거든요. 억지로 글 쓰는 것만큼 힘든 것도 없습니다. 우리 아이가 자기주도력을 통해 자발적인 글쓰기의 행복을 만끽하길 응원합니다.

글쓰기가 부담스러운
아이를 위한
피드백 원칙

'글짓기 능력' 하니까, 갑자기 초등학교 때 글짓기 대회가 생각나요. 요즘에도 그런 대회를 하나요?

학교마다 차이는 있습니다. 독후감 대회, 개교 기념 글짓기 대회, 과학의 달 글짓기 대회, 어린이날 기념 글짓기 대회 등 여러 가지가 있지요. 이전보다는 글짓기 대회 자체가 줄어드는 추세입니다.

줄어드는 이유가 있나요?

글짓기 대회를 사전에 안내하면, 학교 근처 논술학원에서 글짓기 준비를 하는 경우들이 생기기 때문입니다. 사교육이 늘어나고 학생들이 부담을 갖게 되어 오히려 글 쓰는 것에 대한 거부감이 생깁니다. 그보다는 수업 중에 재미난 이야기를 전개하는 방식의 과정으로 학생들에게 글쓰기를 접하게 하고 있습니다.

초등학생들이 글쓰기 수업을 좋아하나요?

안타깝지만 부담스러워하는 경우가 많습니다. 글짓기를 하겠다고 하면 제일 먼저 물어보는 질문이 있습니다. "얼마나 써야 하나요? 한 바닥을 다 채워야 하나요?" 양부터 물어봅니다. 글 쓰는 것을 즐기지는 않아도 부담스럽게는 느끼지는 말아야 될텐데요.

많은 초등학생들이 글짓기를 부담스러워하는 이유가 뭐라고 생각하시나요?

글에 대한 즉각적인 피드백 때문입니다. 아이가 무언가를 끄적이면 부모는 대부분 즉각적으로 반응합니다. "글자를 바르게 적어야지, 띄어쓰기는 이렇게 해야지, 맞춤법이 틀렸잖아, 받침을 이렇게 적어야지." 유창하게 말을 잘하던 아이도 막상 방금 말한 내용을 글로 표현하라고 하면 두려워합니다.

그럼 어떻게 지도를 해야 하나요?

초등 시기 글짓기 능력에서는 부분적인 내용을 보기보다는 문장을 완성했느냐에 초점을 맞출 필요가 있습니다. 이걸 문장 완성력이라고 하는데요. 초등 아이들이 글쓰기를 하면서 처음 접하는 어려움은 구어체를 문어체로 바꾸는 과정입니다. 문어체로 바꾸는 것도 신경 써야 하는데 세부적인 맞춤법까지 동시에 신경을 쓰는 것은 부담스럽죠. 하나의 문장을 완성했는지 아직 완성하지 못했는지에 먼저 초점을 맞추고요. 일단 문장이 완성되었으면 잘했다고 칭찬을 해주시는 것이 필요합니다. 아이 입장에서 문장을 완성한 것만으로도 잘한 겁니다.

저학년 아이들이 부모님과 함께 글쓰기를 할 수 있는 방법이 있다면 좀 알려주세요. 학부모님들이 궁금하실 텐데요.

주제를 주면서 글을 쓰라고 하면, 글쓰기에 익숙하지 않은 어른들도 피하고 싶어 합니다. 저학년이라면 짧은 동시가 좋습니다. 동시를 읽고 제목을 바꿔봅니다. 그럼 바뀐 제목에 따라 동시 내용도 바꾸게 되지요. 이미 기존 형식의 문장이 있기 때문에 몇 개의 단어 정도만 바꾸어도 멋진 새로운 동시가 탄생되지요. 또 내용을 바꾸게 되면 지루하지 않고 재미있는 새로운 이야기가 탄생합니다. 자연스럽게 글쓰기가 재미있다고 생각하게 됩니다.

조금 전에 문장 완성력을 말씀하셨는데요. 문장 완성력을 갖추려면 어떤 점에 중점을 두고 살펴봐야 할까요?

문장 완성력의 핵심은 주어와 서술어가 분명한지 살펴봐야 합니다. 아이들의 글을 살펴보면 주어를 빼먹고 쓰는 경우가 많습니다. "배가 고파서 밥을 먹었다"라고 문장을 쓰죠. 아이들이 느끼기엔 완벽한 문장처럼 보이지만 실상 누가 밥을 먹었는지 알 수 없는 문장이죠. 아이들의 글을 읽고 피드백을 해주실 때는 주어와 서술어가 명확한지부터 먼저 살펴보시고 알려주시는 것이 좋습니다. 문장 위주의 피드백이 결국 글을 쓰는 데 자신감을 갖게 합니다.

문장력을 기르기 위해 작가 지망생들이 유명 작가의 글을 필사하잖아요. 초등학생에게 필사를 하게 하는 건 어떨까요?

필사를 하는 건 어느 정도 문장력을 갖춘 후에 좀 더 세밀한 문체를 갖기 위한 고급 방편입니다. 다양한 문장가들의 글들을 필사해보고 자신만의 문체를 만들기 위한 수련과정이라고 할 수 있겠죠. 초등 시기 문장력 익히기에는 적합하지 않습니다.

차라리 그 시간에 재미난 동화책을 몇 번씩 소리 내어 읽는 것이 더 효과적입니다. 무엇보다도 아직 손 근육이 발달하지 않은 초등학생들이 장시간 글을 옮겨 적는 건 필요 이상으로 아이들을 괴롭히는 일이 됩니다. 아마도 글 쓰는 것에 대해 흥미가 떨어지는 정도가 아니라 생각만 해도 싫은 일이 될 수도 있습니다. 초등 국어 교과서 어디를 봐도 유명한 문장을 놓고 옮겨 적어보라는 내용은 없습니다.

학급에서 보면 유독 글을 잘 쓰는 아이들이 있잖아요. 그런 아이들은 어떻게 해서 글을 잘 쓰게 된 걸까요?

여러 가지 상황이 종합적으로 적용되었을 겁니다. 일단 글을 잘 썼다고 파악되는 아이들의 글에는 공통점이 있습니다. 그건 글을 쓸 때뿐 아니라 평소 말할 때도 나타나는데요. 바로 '근거'가 명확하다는 겁니다. 국어 시간에는 그것을 '뒷받침 문장'이라고 하지요. 어떤 말을 하거나 문장으로 표현할 때 반드시 충분한 뒷받침 문장을 곁들이는 습관을 들인 아이들이 있습니다. 그러면 상대방이 읽었을 때 공감이 빠르고 이해가 쉽지요. 평소 아이들과 대화를 나누실 때, 그렇게 말한 이유가 무엇인지

되물어보는 과정이 필요합니다. 그럼 아이들이 자연스럽게 자신이 말한 바에 대한 근거를 찾기 위해 사고력을 집중하지요.

초등학교 때 글쓰기라면 일기가 대표적이에요. 일기를 숙제로 내주고 선생님이 검사하셨던 기억이 나는데, 일기를 쓰는 것도 도움이 되겠죠?

매일 꾸준하게 적은 양이라도 글을 쓰게 한다는 것 자체로 글짓기 능력에 많은 도움이 됩니다. 그런데 저는 그것이 꼭 일기여야 한다고 생각하지는 않습니다. 매일 반복되는 일상 중에서 일기를 쓴다는 것은 힘든 일입니다. 아침이면 학교 가고, 끝나고 방과후를 하다가, 학원에 가고 집에 돌아오는 반복된 일상에서 일기는 아이들에게 상당히 부담되는 일이죠. 일기장에 꼭 그날 일어났던 일이 아니더라도, 평소 관심을 갖는 것들에 대해 생각나는 대로 적어도 되는 방식으로 바뀔 필요가 있습니다.

매일 꾸준히 글을 쓴다는 게 어른들에게도 어려운 일인데 아이들은 더 힘들 거예요. 좋은 방법이 있을까요?

글의 특징은 말과 달리 사라지지 않고 남아 있다는 것입니다. 그래서 눈에 보이죠. 아이들은 눈에 보이는 것에 흥미를 가집니다. 그걸 이용하시면 됩니다. 포스트잇을 주시고요. 어떤 글이든 괜찮으니 노란 포스트잇 한 장 분량만큼만 매일 쓰게 합니다. 그리고 그것을 방 한쪽 면에 붙이라고 하시면 됩니다. 한쪽 벽면에 포스트잇이 한 장씩 늘어날 때마다 아이 가슴에 뿌듯함이 생깁니다. 하루에도 몇 번씩 방을 들락거리면서 눈에 담지요. 한쪽 벽면에 포스트잇이 거의 가득 채워지면 그걸 보는 것만으로도 글을 쓰는 것에 두려움이 없어집니다. 자신은 이미 방을 한가득 채울 만큼 글을 썼다는 자신감은 글쓰기에 대한 매우 긍정적인 효과를 보입니다.

요즘 창의적인 글쓰기에 대한 관심이 많은데요. 아이들이 창의적인 내용으로 글을 쓰기 위해서는 어떻게 해야 할까요?

창의적인 글을 쓰기 위해서는 문장력만 가지고는 부족합니다. 사고의 유연성이 있어야 하지요. 사고의 유연성은 상상이 허용되는 분위기에서 가능합니다. 창의력이 돋보이는 글을 잘 쓰게 하기 위해서는 어떤 상상을 하든 그 상상에 대해서만큼은 날개를 달아줘야 합니다. 이제 초등 6학년이 되었는데 아직도 그런 상상을 하고 있냐고 말하면서, 동시에 아이에게 창의적으로 글을 쓰라고 말한다면 앞뒤가 맞지 않는 표현입니다. 마음껏 상상하고 마음껏 꿈꾸도록 해주시는 것이 창의적인 글의 시작입니다.

마지막으로 초등 자녀의 '글쓰기'에 대해 한 말씀 더 해주세요.

채인선 동화작가가 초등학생을 대상으로 한 글쓰기 관련 강연에서 이런 말을 아이에게 해주었습니다.

"글쓰기는 모두 쓰기만 하면 백점입니다. 수학은 정답이 있어서 틀릴 수 있지만 글쓰기는 모두 정답입니다."

저도 깊이 있게 동감하는 부분입니다. 아이들이 어떤 형태로든 글을 썼다면 무조건 기본점수 100점부터 시작하시기 바랍니다. 자녀의 글쓰기 실력이 날마다 자라날 겁니다.

영재성 강화 Q&A

아이의
인문학적 상상력을 깨우는
딜레마 질문법

좋은 글을 쓰는데, 영재성을 키워야 하는 이유가 있나요?

물론입니다. 좋은 글이 될 수 있는 조건 중 하나는 독자가 읽고 나서 뭔가 도움이 되었다는 생각이 들게 하는 글입니다. 영재성이 있는 아이들은 그런 글을 쓸 준비가 되었다고 보시면 됩니다.

아주 수준 높은 전문가가 쓴 글을 보면 정작 이해가 되지 않는 경우가 많습니다. 많은 사람이 잘 모르는 전문용어들로 채워져 있거든요. 하지만 대부분의 영재교육은 '일상'을 중시합니다. '일상'에서 살짝 영특한 면모를 찾고 호기심을 갖는 데 중점을 둡니다. 그런 사람들이 쓴 글은 이해가 쉽고 읽고 나서 자신을 변화시키는 데도 도움이 되고요.

살아 있고 유익한 글은 글 쓰는 법을 배워서 되는 게 아닙니다. 글 쓰는 이의 상태(삶의 태도, 철학, 상상력, 창의력, 영재성 등)가 중요합니다. 글이라는 도구를 빌려 자신을 표출하는 거니까요.

'영재교육'은 많은 부모가 관심 있는 분야일 것 같아요. '영재교육'을 받으려면 시험을 치러야 한다고 들었어요.

고3 부모라면 대입 수학능력시험에 온 신경이 가 있지요. 그런데 초등 부모 중 일부는 자녀를 영재교육원에 입학시키고자 영재교육원 선발시험에 많은 신경을 씁니다. 그 시기는 보통 2학기 말입니다.

'영재교육원'이라는 게 뭔가요?

학교에서 가르치는 교과교육을 충실히 잘 이행하는 학생 중 영재성을 더욱 가속화하기 위한 교육이라고 보시면 됩니다. 크게 두 종류로 나눕니다. 대학교 부설 영재교육원이 있고요. 교육청에서 주관하는 영재교육원이 있습니다. 예술 분야 고등학교에서 운영하기도 하고요. 분야는 제법 많습니다. 지역마다 차이는 있지만 문예 창작, 수·과학 융합, 소프트웨어, 음악, 미술, 발명, 국악, 뮤지컬 등이 있지요.

그럼 초등학생들도 입시 치르듯 시험을 보나요?

물론입니다. 엄밀히 말하면 대한민국 학생들의 공식적인 입시는 초등 3학년부터 시작됩니다. 바로 영재교육원 입학시험이지요. 수·과학 융합 영재교육은 초등 2학년에 시험을 보고 3학년부터 교육을 받기도 합니다. 영재교육원 입학 준비를 위해 1학년부터 시작한 아이들도 절반 이상은 떨어지는 현실입니다. 떨어지는 아이들이라고 해서 영재교육을 받을 자격이 없는 건 아니에요. 왜냐하면 상위 30퍼센트 정도의 학생들을 잠재적 영재교육 대상자로 삼는 것이 공식적인 견해이니까요.

상위 30퍼센트라면 상당히 많은 숫자 아닌가요?

많은 숫자는 아닙니다. 열 명 중 세 명을 영재교육 대상자로 여기는 것은 지극히 정상입니다. 왜냐하면 영재는 '영특한 인재'를 의미하는 것이거든요. 일반적인 수준보다 살짝 높으면 영특하다고 말할 수 있는 겁니다. '천재'가 아니지요. 천재는 천부적인 재능을 타고난 이들을 뜻하지요. 그들은 상위 30퍼센트가 아닌 1퍼센트 안에 들지요. 문제는 상위 30퍼센트를 영재교육 대상자로 인정하면서도 그들 모두에게 영재교육을 시키지 못하고 선발을 통해 교육한다는 것이지요.

지금까지 이야기는 어떻게 하면 영재교육원에 들어갈 수 있는지 뭐 그런 내용인가요?

그 반대입니다. 저는 운이라고 표현합니다. 유치원부터 준비해도 절반 이상 떨어지는 영재교육원 선발시험에 떨어진 정말 안타까운 아이들을 위한 이야기입니다. '어떻게 하면 영재교육원 입시에 합격할 수 있는가?'라는 내용은 인터넷 검색만 해도 많이 나옵니다. 영재교육원 입학 설명회 같은 동영상도 올라와 있고요. 그런 걸 참고하시면 됩니다. 저는 영재교육원 시험에 낙방이라는 이름으로 첫 입시의 실패를 경험한 아이들과 영재교육원 시험을 경험하지 않은 아이들을 위한 '영재교육'을 말씀드리려 합니다.

영재교육원에 다니지 않는 아이들을 위한 '영재교육'이란 뭘까요?

영재교육원에 다니지 않는다고 해서 그들이 영재교육을 받을 자격이 없는 수준이라고 단정 지으면 안 된다는 겁니다. 단지 영재교육원에서 수용할 수 있는 인원이 한정되어 있을 뿐, 다니지 않는 아이도 모두 자격이 있는 것이지요. 교육청 재원이라는 한계로 정책상 인원을 한정 짓는 것뿐입니다.

조정래 작가의 《정글만리》에 보면 이런 구절이 있어요. '국가에 정책이 있다면 우리에게는 대책이 있다.' 저는 그 말을 대한민국의 영재교육의 현실에 비출 때 이렇게 해석합니다. 당장 국가 정책에서 모든 영재교육 대상자를 포용할 수 있는 정책을 마련하지 못한다면, 우리가 알아서 대책을 세워야 한다고요. 그리고 그 대책에 대해 지금 말씀드리려는 것입니다.

어떤 대책을 말씀하실지 궁금해요.

영재교육을 원하는 아이들을 모두 포용할 수 있는 정책이 불가능하다면, 결국 각 가정에서 영재교육을 시키면 됩니다. 그리고 그 방법을 말씀드리려는 겁니다.

가정에서 할 수만 있다면야 좋겠지만, 그것이 가능할까요?

불가능한 것도 아니지요. 왜냐하면 우리는 지금 '천재' 교육을 하겠다는 것이 아니고 조금 더 영특하게 만드는 교육을 하겠다는 것이니까요. 그건 가정에서도 얼마든지 가능합니다.

그럼 가정에서도 가능한 '영재교육'에 대해 본격적으로 알아보죠.

　우선 기본 전제가 있습니다. 제가 무슨 사이비 종교 교주 같은 말을 해드리겠는데요. 일단 누구나 '영재교육'을 받으면 영재가 될 수 있다는 믿음이 있어야 합니다.

믿음요? 갑자기 신빙성에 의심이 생기는데요.

　설명하죠. 영재교육에 관심을 갖는 나라가 우리나라 말고 또 있습니다. 바로 이스라엘입니다. 그들도 우리처럼 상위 30퍼센트 정도의 학생들을 영재교육 대상자로 삼고 있습니다. 그런데 그들은 노벨상을 가장 많이 받은 민족이고, 우리는 거의 바닥입니다. 과학 분야는 제로이고요. 왜 그럴까요?

저도 궁금해요. 왜 그런가요?

　그들은 그 30퍼센트의 아이들뿐 아니라 그 이하의 아이들에게도 본인이 원한다면 영재교육을 받을 기회를 주기 때문이지요. 그들은 믿고 있습니다. 누구든 영재교육을 받으면 영재가 될 수 있다고 말이지요.

그럼 원하는 아이들은 다 영재교육을 받는 건가요?

상위 30퍼센트뿐 아니라 본인이 원하면 모두 수용합니다. 우리에겐 입시지만, 그들에게는 선택사항일 뿐이지요. 미국 해병대에서도 비슷한 실험을 한 적이 있었어요. 미국 해병대 중에서도 특별히 테스트를 해서 뽑힌 군인들을 대상으로 특수부대를 만들었습니다. 그들은 아주 탁월한 능력을 지닌 병사로 거듭났고 상당한 실적도 올렸습니다.

그런데 놀라운 일이 일어났습니다. 굳이 테스트를 통해 선발된 인원이 아닌, 일반 해병대원에게도 시험 삼아 해병 특수부대원을 위한 훈련 커리큘럼을 가지고 교육했더니 상당히 많은 해병들이 특수부대원 수준으로 능력이 향상된 겁니다. 결국 거의 모든 해병들이 해병 특수부대의 능력을 지니게 된 것이지요.

이스라엘의 영재교육은 바로 그런 겁니다. 원한다면 누구나 영재 교육 커리큘럼에 따라 교육받을 수 있는 기회를 주는 거지요. 그리고 그 결과는 노벨상을 가장 많이 휩쓸고 있는 민족이 된 거고요. 아마도 아인슈타인이 우리나라에서 초등 시기에 영재교육 선발시험을 보았다면 바로 낙방했을 겁니다. 초등 시기 그의 생활기록부는 형편없었으니까요.

그럼 모든 학생에게 영재교육 커리큘럼을 적용하면 상당 부분 효과가 있을 거라는 말씀이시네요.

바로 그겁니다. 영재교육 커리큘럼을 큰 틀에서 말씀드리겠습니다. 내 아이가 평범하다고 생각하시는 분들도 그 큰 틀을 따라 자녀를 교육하시면, 영특한 아이가 될 수 있습니다.

그 커리큘럼의 큰 틀이 뭔가요?

바로 '질문'입니다. 영재교육 커리큘럼의 가장 큰 핵심은 질문에 달려 있습니다. 수학 영재교육원이라면 이런 질문을 던집니다. "숫자 중에 0이라는 숫자가 없어진다면 이 세상은 어떻게 될까?"라는 질문입니다. 상상이 가시나요? 한 번도 생각해보지 않은 경우일 겁니다. '0'이라는 숫자가 없는 세상, 그럼 아이들은 고민하고 토론하지요. 100원짜리 동전이 이 세상에서 사라지고, 1,000원짜리 지폐도 없어지고요. 그러한 과정의 토론을 거치면서 수 체계의 원리를 깨우치게 됩니다. 아무것도 없는 '0'의 순간과 무언가 있는 '1'의 차이가 얼마나 큰지를 말이지요.

이런 사고방식이 바로 영재교육입니다. 가정과 학원에서 수학 문제집을 풀면서 씨름하는 수준하고는 엄청난 차이죠. 어려운 난이도의 문제를 푸는 것이 영재가 아니라, 근본 원리에 대해 고민하고 그것이 세상에 어떤 연결고리를 가질 수 있는가를 생각하게 이끄는 겁니다.

그런 질문을 들으니까 오히려 가정보다는 더더욱 영재교육원에 보내야 하지 않을까 싶은데요.

물론 영재교육원에 보내면 부모는 고민하지 않고 자녀를 그런 환경에 노출시킬 수 있겠지요. 하지만 제가 말씀드리는 것은 부모가 조금만 노력하면 일상생활에서 딜레마에 빠지는 질문을 자녀와 함께 주고받을 수 있다는 겁니다. 이것이 바로 영재교육의 핵심입니다. 영재교육원이 아닌 일상에서 더 많이, 더 자주 그런 기회에 노출되는 거지요. 그런 생각들과 토론을 자주 하는 아이들이 쓴 글은 읽을 때마다 감탄사가 저절로 나옵니다. 어떻게 그런 생각을 했는지 기특한 생각이 들지요.

"짜장면도 먹고 싶고 짬뽕도 먹고 싶은데, 넌 무엇을 선택할 거야?" 이런 질문도 좋습니다. 사소한 듯하지만 이러한 질문이 영재성을 키우는 핵심입니다. 그러한 고민 끝에 '짬짜면'이라는 새로운 음식이 태어나는 것이지요. 영재는 그런 겁니다. 둘 중 하나만 골라야 하는 줄 알았는데, 전혀 다른 새로운 방법을 만들어내는 것이지요. 누구든 적절한 질문이 주어지고 고민할 수 있는 환경에만 노출된다면 아이들은 영재적인 사고를 할 수 있습니다.

자녀들이 딜레마에 빠지는 질문에 늘 노출되는 상황을 만들어주시기 바랍니다. 이스라엘의 학부모들은 그런 질문들을 수시로 던집니다. 바로 탈무드를 교육하면서 말이지요. 우리는 문제집만 푸느라 그 시간을 놓치는 것뿐이고요. 우리라고 못 할 이유 없습니다.

마지막으로 자녀를 영재로 키우고 싶은 부모님들께 한 말씀 해주신다면?

지금 바로 전래동화집을 꺼내십시오. 그리고 자녀에게 질문을 던지십시오. '선녀와 나무꾼'에서 나무꾼이 결혼하고 싶어서 선녀의 날개옷을 훔친 행위가 정당한지를 말이지요. 선녀의 옷을 훔치지 않고서 선녀와 결혼할 수 있는 방법은 없었는지를 말이지요.

영재교육의 핵심은 자녀에게 '인문학적 상상력'을 일깨우는 단 하나의 '질문'에 달려 있습니다. 질문에 얼마나 자주 노출되고, 그 질문에 얼마나 충실하게 답변하려 애썼는지가 아이를 영재로 만듭니다. 그 아이들이 쓰는 글을 읽으면 문장들이 생생하게 살아 있습니다. 그렇게 살아 숨 쉬는 글을 쓰는 아이들이 많아졌으면 좋겠습니다.

부록

초등학생을 위한
글쓰기 주제 200

200개의 글쓰기 주제가 있습니다. 자녀의 나이, 어휘 수준, 평소 독서량, 말하기 능력을 고려해서 적절한 주제를 골라 꾸준히 글쓰기를 해봅니다. 주어진 주제를 상황에 맞게 수정, 보완하여 제시해도 좋습니다.

중요한 건 다양한 주제 및 형식, 분량, 생각 등을 글쓰기에 반영할 수 있는 기회를 제공하는 겁니다. 맞춤법에 신경 쓰지 말고 마음껏 생각이 떠오르는 대로 써볼 수 있도록 지도해주시기 바랍니다.

001 돌멩이를 가지고 노는 방법을 5가지 적어보세요.

002 긴 막대기를 2개 주웠습니다. 그 막대기를 이용하여 무엇을 하고 싶은지 쓰세요.

003 우리 집 강아지는 금으로 된 똥을 싼다고 가정하겠습니다. 나는 진짜 금똥을 누는 강아지를 어떻게 할 것인지 쓰세요.

004 더는 하늘에서 비가 내리지 않습니다. 대신 하늘에서 초코 우유가 내립니다. 세상이 어떻게 될까요? 상상해서 적어보세요.

005 집에서 키우던 고양이가 나이가 들어 죽었습니다. 우리 고양이는 죽은 후 어디로 갔을까요? 상상해서 적어보세요.

006 네모난 색종이, 세모난 색종이, 동그란 색종이가 있습니다.
   1) 만약 이 색종이 중에 하나만 살아 있다면(생명이 있다면), 어떤 색종이가 살아 있을까요?
   2) 왜 그렇게 생각하나요?
   3) 생명이 있는 색종이와 나는 무엇을 하고 싶은가요?

007 유민이라는 아이가 있습니다. 1시간 동안 멈추지 않는 고속버스를 탔습니다. 그런데 똥이 마렵습니다. 유민이는 어떻게 했을지 상상해서 적어보세요.

008 오늘 하루 동안 내가 동물로 변해야 한다고 합니다.

    1) 어떤 동물로 변하고 싶은가요?

    2) 왜 그 동물로 변하고 싶은가요?

    3) 그럼 그 동물로 변해서 하루 동안 어떻게 지낼 건가요?

009 우리 집에 강아지가 있다고 상상해보세요.

    1) 어떤 색깔의 강아지입니까?

    2) 크기는 얼만한가요?

    3) 강아지의 성격은 어떤가요?

    4) 강아지의 이름을 무엇이라고 지을 건가요?

    5) 지금 그 강아지와 하고 싶은 것 3가지를 적어보세요.

010 길을 걷는데 이상하게도 검은색 사과를 발견했습니다. 사과가 왜 검은색으로 변했을지 상상해서 적어보세요.

011 나에게 강아지와 대화하는 능력이 생긴다면, 어떤 일이 벌어질까요?

012 하루 동안 투명 인간이 될 수 있습니다. 어떤 하루를 보낼 건지 나열해보세요.

013 나에게 100만 원이 생겼습니다. 이 돈을 어떻게 사용할 건가요?

014 내가 집을 지어야 한다면 어떤 곳에 어떤 집을 짓고 싶은지 쓰세요.

015 외계인이 우주선을 타고 지구에 왔습니다.

   1) 그들이 어떻게 생겼을지 예상해서 상세히 표현해봅니다.

   2) 그들이 지구에 온 목적은 무엇일지 예상하여 적어봅니다.

   3) 그들을 맞이하는 지구인들의 반응은 어떠할지 예상하여 적어보세요.

016 다음에 이어서 짧은 옛날 이야기를 만들어보세요.

   한겨울 눈이 펑펑 내릴 때만 피는 꽃이 있습니다. 그 꽃의 이름은 '설화'입니다. '설화'에는 슬픈 사연이 있습니다. 아랫마을에 살던 '설화' 아가씨의 무덤가에 피는 꽃이지요. 그래서 꽃 이름이 '설화'입니다. 어떤 슬픈 사연이기에 한겨울에 눈이 펑펑 내릴 때만 꽃이 피는지, 지금부터 그 이야기를 시작하겠습니다.

017 내가 먹기 싫어하는 음식(채소 등)을 엄마가 먹으라고 할 때, 어떻게 하면 먹지 않고 지나갈 수 있을지 다양한 방법을 적어보세요.

018 '크리스마스', '생일', '어린이날' 같은 기념일날, 어른들이 아이들에게 선물을 줍니다. 어린이들이 선물을 받을 수 있도록 새로운 기념일을 만들고 의미를 적어보세요.

1) 내가 만들고 싶은 새로운 기념일

2) 의미

019 우리 아파트 단지 옆에 쓰레기 소각장이 생길 예정입니다. 주변 어른들이 반대 시위를 합니다. 나의 의견은 무엇인가요?

020 세상에 좀비가 가득합니다. 30일 동안 집에 숨어 있으면 구조대가 도착합니다. 그런데 집 안에 먹을 음식과 물은 일주일 분량밖에 없습니다. 어떻게 30일 무사히 기다릴 수 있을까요? 나라면 어떻게 이 상황을 극복할 수 있을까요?

021 미래에 국가에서 자동차 운전을 법으로 금지했습니다. 오직 드론 자동차(하늘을 나는 자동차)만 사용하게 발표했습니다. 세상이 어떻게 바뀔지 쓰세요.

022 나에게 과거로 돌아갈 수 있는 능력이 생겼습니다. 그 능력을 딱 3번만 사용할 수 있습니다. 과거 언제로 돌아가고 싶은가요? 이유는 뭔가요? 돌아가서 무엇을 할 건가요?

023 정부에서 동전, 지폐를 사용하지 않는 것으로 결정했습니다. 오직 신용카드, 온라인 화폐 등 전자 결재만 사용하도록 결정했습니다. 어떤 일이 벌어질까요?

024 지구에서 모든 식물이 사라진다면 어떤 일이 벌어질까요?

025 지구인들이 모르는 사이에 외계인이 침투했습니다. 그 외계인은 지구인과 똑같은 모습, 똑같은 목소리를 낼 수 있습니다. 외계인과 지구인을 어떻게 구분할 수 있을까요?

026 내가 가장 소중하게 생각하는 물건은 무엇인지 쓰세요.

1) 그 물건을 선택한 이유는 무엇인가요?

2) 만약 그 물건을 잃어버린다면 어떤 마음이 들까요?

027 사막을 3일 동안 혼자 여행해야 합니다.

   1) 고양이, 강아지, 참새 중에서 한 마리를 반드시 데리고 가야 한다면 어떤 동물을 데리고 갈지 선택하고 그 이유를 쓰세요.

   2) 선택한 동물을 데리고 3일 동안 사막을 지나면서 어떤 일들이 벌어질지 상상해서 쓰세요.

028 다음 이야기에 이어서 짧은 소설을 완성하세요.

   땅속 깊은 곳에 우리가 모르는 세상이 있었습니다. 그곳 사람들은 땅 위 세상 사람들 모르게 수천 년을 평화롭게 살아왔습니다. 땅 위 세상 사람들이 모르게 살아왔던 이유는 땅 위 세상 사람들이 자주 전쟁을 일으키며 산다는 것을 알았기 때문입니다. 어느 날 호기심이 많은 땅속 나라 데레사 공주는 임금님의 명을 어기고 땅 위 세상에 올라왔습니다.

029 엄마를 화나게 할 수 있는 방법을 5가지 이상 나열해보세요.

030 전교 어린이 회장단 선거에 출마한다고 가정하고 후보자 연설문을 작성해보세요.

031 학급 어린이 회장 선거에 출마한다고 가정하고 후보자 연설문을 작성해보세요.

032 아래의 주장에 대해 찬성 및 반대를 표현하고 그 이유를 적어 보세요.

대한민국과 북한은 언젠가 하나의 국가로 통일이 되어야 합니다. 왜냐하면 우리는 하나의 민족이기 때문입니다.

033 다음 이야기를 듣고 이어지는 동화를 쓰세요.

걱정이 많은 임금님이 사는 나라가 있었습니다. 임금님이 꿈을 꾸었는데 한 점쟁이가 나타났습니다. 그리고는 이렇게 말했습니다.

"임금님은 숫자 2를 조심하셔야 합니다. 숫자 2가 적혀 있는 물건에 머리를 맞아 돌아가실 겁니다."

이 말은 들은 임금님은 명령을 내렸습니다.

"앞으로 우리 나라에서는 어떤 일이 있어도 숫자 2를 사용할 수 없다. 글자로 적어서도 안 되고 말을 해서도 안 된다. 절대로 안 된다. 이를 어길 시에는 사형에 처할 것이다."

034 우리 학교의 문제점은 무엇인지 쓰고, 문제의 원인 및 해결방안도 함께 적어보세요.

035 친구와 친하게 지낼 수 있는 방법 5가지 적어보세요. 각각의 이유도 써보세요.

036 나의 팔에 최첨단 인공지능 로봇 장치를 부착한다고 합니다. 어떤 기능들이 있는 로봇 장치를 부착하고 싶은지 상상해서 적어보세요.

037 안타깝지만 나는 한 달밖에 살 수 없는 병에 걸렸다고 합니다. 남은 한 달 동안 내가 하고 싶은 것들을 적어보세요.

038 국회의원은 나라의 법을 만드는 중요한 역할을 합니다. 만약 내가 국회의원이 된다면 우리나라에 필요하다고 생각되는 어떤 법을 만들고 싶은가요?

039 어느 날 길을 가는데 음식점에 다음과 같은 문구가 적혀 있었습니다. 이 음식점은 왜 이런 문구를 붙여놓았을지 상상해서 적어보세요.

오늘은 기쁜 날입니다. 오늘 음식을 드시고 가시는 분에게는 음식 값을 받지 않습니다.

040 '내가 두려워하는 것들'을 주제로 글을 써보세요.

041 내가 좋아하는 노래를 친구에게 소개한다고 생각하고 편지를 써 봅니다.

042 외국 초등학생에게 한국 음식을 소개하는 편지를 써봅니다.

043 '내가 시장에서 장사를 한다면'을 주제로 글을 써보세요.

044 다음 이야기에 이어서 짧은 이야기를 만들어보세요.
학교를 다녀왔다. 지친 몸으로 집에 들어왔는데, 나와 똑같이 생긴 복제인간이 엄마와 이야기를 나누며 맛있게 저녁을 먹고 있었다.

045 다음 이야기를 읽고 새로운 세상의 창조 신화를 써보세요.
나는 이 세상을 창조한 신이다. 처음에는 인간을 만들 생각이 없었다. 그런데 어느 날, 흙으로 장난을 치다가 그만 실수로 인간을 만들어버렸다. 인간을 만들어놓고 보니 다른 것들도 더 만들면 어떨까 하는 생각이 들었다.

046 나는 영화감독입니다. '좀비'를 소재로 영화를 만들 예정입니다.

　1) 영화에 등장하는 좀비의 특징을 설정해보세요.

　2) 영화에 등장하는 주인공의 성격을 설정해보세요.

　3) 영화에 등장하는 주인공 이외의 주요 인물들을 설정해보세요.

　4) 영화의 시대적 배경을 설정해보세요.

　5) 영화의 줄거리를 적어보세요.

047 다음 이야기를 읽고 이어지는 미스터리한 이야기를 만들어보세요.

바닷가 한적한 시골 마을입니다. 1년 전부터 보름달이 뜨는 밤이면 마을 사람 중 몇 명씩 밤새 춤을 추기 시작했습니다. 마을 사람들은 이것을 '보름달 춤 병'이라고 불렀는데, 이 병에 걸린 사람들은 보름달이 뜬 날, 밤새도록 달빛을 보면서 춤을 추어야 했습니다. 평소에는 이런 증상이 전혀 없었습니다.

048 다음 이야기에 이어서 동화 이야기를 만들어보세요.

짬뽕과 짜장이 서로 자기가 더 맛있다고 우기고 있었습니다. 그 둘은 서로 내기를 하기로 했습니다. 오늘 처음 들어온 손님이 누구를 시키느냐에 따라 더 맛있는 것으로 결정하기로 했습니다. 드디어 손님이 들어왔습니다.

049 무인도에 혼자 있습니다. 1년에 한 번 배가 온다고 합니다. 다행히 무인도에 누군가 만들어놓은 집도 있고, 창고도 있습니다. 샘물도 나오고 창고에는 먹을 것들이 아주 많이 있습니다. 그런데 혼자 있으려니 너무 심심합니다. 1년 동안 무인도에서 혼자 노는 방법을 생각해서 적어보세요.

050 가족 때문에 힘들다고 느껴지는 순간들을 적어보세요.

051 텔레비전에서 뉴스를 보고 가장 무서웠던 순간을 적어보세요.

052 '내가 만약 유튜버가 된다면'을 주제로 글을 써보세요.

053 사막에서 10일 동안 혼자 머물러 있어야 한다고 가정해보세요.
    1) 나에게 필요한 물건을 10개 적어보세요.
    2) 필요한 물건 중에 5개를 가져갈 수 없다고 합니다. 어떤 물건을 포기할 건

가요?

3) 5개의 물건을 포기한 이유를 각각 적어보세요.

4) 실수로 그만 포기하기로 한 5개 물건만 가지고 사막에 도착했습니다. 10일

동안 그 물건으로 어떻게 생존할지 적어보세요.

054 엄마가 말했습니다. 산, 강, 바다, 들판 하나를 선택해서 하루 여행

을 갈 수 있다고 합니다.

1) 어디를 선택할 건가요?

2) 선택한 이유는 무엇인가요?

3) 안타깝지만 잠시 후 엄마가 말했습니다. 선택한 그곳만 갈 수 없다고 합니

다. 무슨 일 때문에 그곳만 갈 수 없는 일이 생겼을지 상상해서 적어보세요.

055 다음 이야기를 읽고 짧은 소설을 써보세요.

신비한 사진기가 있습니다. 사진을 찍으면 지금 그 사람의 마음이

사진에 글자로 적혀서 나옵니다.

056 다음 내용을 읽고 이어지는 이야기를 만들어보세요.

(○○○ 직업을 고른 후 이야기를 만들어보세요.)

옥황상제의 막내아들이 있었습니다. 막내아들은 하늘나라에서 장

난만 치고 사고만 일으켰습니다. 어느 날, 화가 난 옥황상제가 막내아들에게 말했습니다.

"너는 내일 세상에 인간으로 태어날 것이다. 어른이 되어 경찰, 소방관, 군인 중 하나의 직업을 갖게 될 것이다. 어떤 운명을 선택할 것이냐?"

옥황상제의 막내아들은 대답했습니다.

"아버님, 저는 인간 세상에서 ○○○ 직업을 갖도록 하겠습니다."

057 앞으로 30년 후 세상은 어떻게 되어 있을까요? 마음껏 상상해서 적어보세요.

058 '나는 수학이 싫어'를 제목으로 수필을 써보세요.

059 '체육시간'을 제목으로 동시를 적어보세요.

060 '아기 고양이 블랙'을 제목으로 짧은 동화를 써보세요.

061 '오늘도 심심해'를 제목으로 일기 형식의 글을 써보세요.

062 '아파트'를 제목으로 무서운 이야기를 만들어보세요.

063 '저는 공부가 중요하다고 생각하지 않습니다'를 제목으로 주장하
는 글을 써보세요.

064 '내가 좋아하는 친구야'를 제목으로 편지를 써보세요.

065 '아기 코끼리 '심보''를 제목으로 모험 이야기를 만들어보세요.

066 '사막에서의 결투'를 제목으로 연극 대본을 적어보세요.

067 '빈집'을 제목으로 단편 소설을 써보세요.

068 '청소년, 스마트폰 중독 심각'을 제목으로 인터넷 기사를 적어보세요.

069 일본 초등학생이 '독도는 일본 땅'이라고 SNS에 올렸습니다. 댓
글을 달아주세요.

070 '내가 싫어하는 것들'를 제목으로 수필을 적어보세요.

072 '운동화'를 제목으로 슬픈 이야기를 만들어보세요.

073 '손수건'을 제목으로 행복한 이야기를 만들어보세요.

074 '전화기'를 제목으로 가슴이 답답해지는 이야기를 만들어보세요.

075 '시험공부'를 제목으로 화가 나는 이야기를 만들어보세요.

076 '우산'을 제목으로 연인들의 사랑 이야기를 만들어보세요.

077 '나이키 운동화'를 제목으로 '왕따'를 당해 힘들어하는 주인공이
등장하는 짧은 이야기를 만들어보세요.

078 다음 등장인물이 나오는 청소년 영화 줄거리를 상상해서 만드세요.

수아: 의사(2년 전 이혼), 성격이 예민함.

지선: 수아의 딸(중2), 성격이 쾌활함.

민준: 지선의 학급 친구(중2), 지선이를 많이 좋아하지만 드러내거
나 표현하지 않음.

떡볶이집 아줌마: 학생들에게 튀김과 떡볶이를 팔면서 학생들의

고민을 들어줌.

다음 제목으로 마음껏 상상해서 재미있는 이야기를 만들어보세요.

079 <우리 엄마는 외계인>

080 <책상 요정>

081 <필통 탈출>

082 <춤추는 돼지>

083 <말하는 나무>

다음 제목으로 마음껏 상상해서 말도 안 되는 이상한 이야기를 만들어
보세요.

084 <나는 야채를 좋아해>

085 <공부 잘하면 벌 받는 집>

086 <신발을 훔치는 남자>

087 <종일 잠만 자는 염소>

다음 물건을 홍보하기 위한 광고 문구를 만들어보세요.

088 <드론>

089 <신형 자동차>

090 <새로 지은 아파트>

091 <최신 스마트폰>

092 <인공지능 로봇>

093 <최신 노트북>

094 이번에 새로 지은 아파트의 이름을 만들어보세요.

095 이번에 새로 출시된 최신 노트북의 이름을 만들어보세요.

096 이번에 새로 출시된 최신 스마트폰의 이름을 만들어보세요.

097 대한민국, 국가의 이름을 바꾼다면 어떻게 바꾸면 좋을지 쓰고 그
      이유를 적어주세요.

098 내가 사는 지역(서울, 부산, 대구, 전라남도, 경상북도 등) 이름을
      바꾸고, 바꾼 이유를 쓰세요.

다음 소재로 짧은 이야기를 만들어보세요.

099 <교실 사물함에 숨어 사는 햄스터>

100 <비둘기를 무서워하는 소녀>

101 <곤충을 좋아하는 초등학생>

다음 이야기를 읽고 상상해서 이야기를 만들어보세요.

107 집에 있는 오래된 고물 라디오가 어느 날 번개를 맞았다. 그날 이후 매일 밤 9시, 라디오에서는 내일 뉴스를 방송한다.

108 연우는 문방구에서 리코더를 샀다. 집에서 리코더를 연습하는데 갑자기 요술램프의 요정 지니가 나타났다. 요술램프가 망가져 갈 데가 없는데 리코더에서 살아도 되겠냐고 물었다. 연우는 매일 자기 소원을 들어주면 그렇게 해도 된다고 말했다. 요술램프 지니는

너무 나이가 들어서 이제 소원을 들어주는 능력이 두 번밖에 남아 있지 않다고 말했다.

109 서로 사이가 좋은 3형제가 살았다. 그런데 큰형이 결혼한 지 1년 후, 갑자기 3형제의 사이가 나빠지기 시작했다.

110 깊은 산속, 너무 깊은 산속이라 한 번도 사람이 찾아온 적 없는 그런 곳에 한 송이 꽃이 피었다. 그 꽃의 이름은 '만년화'였다. '만년화'를 먹으면 죽지 않는다는 전설이 있었다.

111 농부가 밭일을 하고 있는데 호랑이가 나타났다. 호랑이가 농부를 잡아먹으려 달려들었는데 갑자기 농부가 호통을 치면서 말했다. "이놈의 강아지야. 강아지가 무슨 어흥 소리를 내면서 호랑이 흉내를 내느냐!"

112 2587년, 지구는 환경오염으로 더는 사람들이 살 수 없는 행성이 되었다. 지구인들은 '화성'으로 이주를 결심했다. 그런데 이미 100년 전 '화성'에 미리 정착한 사람들은 지구인들이 화성에 오는 것을 반대했다. 지구인이 화성에 오면 화성마저 오염시킬 거라 생각

했기 때문이다.

113 생쥐 마을에 비상이 걸렸습니다. 아주 무서운 고양이가 나타났기 때문입니다. 생쥐 마을 대장 '빅마우스'는 이렇게 말했습니다. "여러분 걱정하지 마세요. 제가 고양이 목에 방울을 달겠습니다. 그럼 방울 소리를 듣고 우리는 미리 도망갈 수 있습니다." 그러자 똘똘이 '스마트 마우스'가 대답했습니다. "그 고양이 목에는 이미 방울이 있어요. 방울 소리를 들어도 너무 빨라서 친구들이 잡혀갔어요."

114 바다 깊은 곳에 대왕오징어가 살았습니다. 캄캄한 바닷속에 혼자 사는 대왕오징어는 너무 심심했습니다. 어느 날, 바닷가 마을 작은 오징어를 찾아가서 말했습니다.
"나랑 같이 놀지 않을래?"
그러자 작은 오징어가 말했습니다.
"넌 너무 커서 싫어. 고래한테 가봐. 고래는 크니까 너랑 친구 할지도 몰라."

115 수수께끼 5개를 만들어보세요.

116 내가 중학생이 되기 전에 하고 싶은 버킷리스트를 10가지 작성해
보세요.

117 집에서 학교로 가는 길에 볼 수 있는 것들을 소재로 짧은 글을 써
보세요.

118 나의 장점을 5가지 이상 적어보세요.

119 하늘의 별똥별이 떨어질 때 소원을 빌면 이루어진다고 합니다. 별
똥별이 떨어지는 순간 어떤 소원을 말하고 싶은지 적어보세요.

120 친구에게 생일파티 초대장을 보내려고 합니다. 초대장 내용을 적
어보세요.

121 오래된 백화점 건물이 무너질지 모르는 상황입니다. 백화점 건물
에 들어가면 안 된다는 경고 문구를 적어보세요.

122 하늘에 많은 별이 있습니다. 그중에는 아직 발견되지 않은 별도 있
다고 합니다. 아직 발견되지 않은 별을 발견하면, 발견한 사람이 그

별의 이름을 지을 수 있다고 합니다. 여러분이 별을 발견했다면 그 별의 이름을 무엇이라고 할 건가요? 3가지 이름을 지어보세요.

다음 단어가 들어가는 짧은 이야기를 만들어보세요.

123 <강아지, 아이스크림, 택배상자>

124 <바나나, 사자, 빌딩>

125 <신발, 연필, 축구공>

126 <컴퓨터, 비행기, 농구선수>

127 <리모컨, 책상, 벽시계>

128 <바둑알, 연필깎이, 튤립>

129 <색종이, 휴지통, 화장실>

130 <우산, 모자, 체육복>

131 엄마가 방 정리를 하라고 합니다. 내 방에 있는 물건들을 소중하게
간직할 물건과 버릴 물건으로 분류해야 한다고 가정해보세요.

1) 내가 소중하다고 생각하는 물건 10개를 적어보세요.

2) 내가 소중하다고 생각하는 물건 10개 중 절반을 버려야 한다면 어떤 물건
들을 버릴지 물건 5개를 적어보세요.

3) 버린다고 선택한 5개의 물건이 갑자기 말을 하기 시작했습니다. 그리고 자
신들을 버리면 안 된다고 주장하고 있습니다. 각각의 물건들은 왜 자신을
버리면 안 된다고 할까요? 각각의 물건들이 어떻게 주장하는지 그 내용을
예상해서 적어보세요.

132 내가 일제 침략기 대한민국의 독립을 위해 애쓰는 '독립운동가'라
고 가정해봅시다. 나는 어떤 독립운동을 펼칠 것인지 구체적으로
상상해서 적어보세요.

다음 제목으로 신문 기사를 상상해서 작성해보세요.

133 <대한민국, 세계 최초로 '하늘, 땅, 바다' 모두를 누비는 배를 만들다>

134 <서울 지역에 진도 7.6 지진 발생>

135 <멧돼지가 서울 도심에 나타나>

136 <전국 대학들 입학시험 폐지 발표>

137 <만 30세 되면, 정부에서 주택 제공 의무화 법안 국회 통과>

138 <내일 밤 초속 30미터 강풍 예상, 태풍 대비 철저히 해야>

139 <초등학생 아파트 화재 현장에서 할머니 구출>

다음 제목으로 노래 가사를 적어보세요.

140 <바람 부는 날>

141 <햄버거 먹고 싶은 날>

142 <나는 떡볶이가 좋아>

다음 제목으로 짧은 이야기를 만들어보세요.

153 <우리 엄마가 달라졌어요>

154 <나는 동생이 싫어요>

155 <나는 형(언니, 누나, 오빠)이 싫어요>

156 <나는 혼자가 좋아요>

157 <나는 바퀴벌레가 귀여워요>

자료를 조사해서 다음 주제를 유치원 아이들에게 알려준다고 생각하고
설명하는 글을 써보세요.

158 <거미를 집에서 키우는 방법>

159 <떡볶이를 맛있게 요리하는 방법>

170 <달리기 실력을 높이는 방법>

171 외계인이 우주선을 타고 지구에 왔습니다.

1) 외계인의 모습이 어떠할지 상상해서 표현해보세요.

2) 외계인이 손가락으로 땅바닥에 동그란 원을 2개 그렸습니다. 무엇을 의미하는 것일지 상상해서 적어보세요.

3) 외계인이 당신에게 외계인 우주선 안으로 들어오라는 동작을 보이면 어떻게 할 건가요? 우주선으로 들어갈지 들어가지 않을지 결정하고 그 이유를 적어보세요.

172 대한민국 초등학생들과 북한 초등학생들이 함께 학교에 모여 운동회를 하기로 했습니다.

1) 어떤 종목을 운동회에서 하면 좋을까요? (종목을 5가지를 적고 왜 그 경기를 하고 싶은지 이유를 쓰세요.)

2) 편을 어떻게 나누면 좋을까요? (편을 어떻게 나누면 좋을지 적고, 그 이유를 적어주세요.)

173 북한의 초등학생에게 궁금한 내용을 5가지 물어볼 수 있습니다. 어떤 것들을 물어볼지 적어보세요.

174 다음의 의견에 나는 어떻게 생각하는지 찬성 또는 반대를 밝히고, 그 이유를 적으세요.

의견: 저는 사람들이 반려견을 키우는 데 너무 많은 돈을 사용하고 있다고 생각합니다. 시중에서 판매되는 반려견을 위한 통조림 가격을 보니 사람들이 먹는 것보다 비싼 것도 있었습니다. 아프리카에서는 아직도 굶주림에 허덕이는 사람들이 많은데, 반려견을 키운다는 이유로 비싼 사료 및 통조림을 먹이는 것은 옳지 않다고 생각합니다. 반려견에게 비싼 사료를 먹이지 못하도록 법을 만들고, 반려견용 통조림 제조를 금지하는 조항을 넣는 것이 좋겠습니다.

175 내가 서울 시장이 되었다고 가정해봅시다. 그런데 서울시에 큰 지진이 발생하여 안타깝게도 136명의 사람이 죽었고, 657명의 환자가 발생했으며, 1,659명의 이재민이 발생하였습니다. 서울 시장으로서 가장 먼저 어떤 일을 할지 적어보고 그 이유를 제시해보세요.

176 나의 장점에 대한 자신의 생각을 적어보세요.

1) 나의 장점을 5가지 이상 적어보세요.

2) 내가 적은 장점을 활용하여 다른 사람을 도울 수 있는 방법을 적어보세요.

177 신(神)에 대한 자신의 생각을 적어보세요.

1) 신은 있나요?

2) 있다면 왜 있다고 생각하나요? 어떤 모습을 하고 있을까요?

3) 없다면 왜 없다고 생각하나요?

178 다음 주장에 대해 본인의 생각을 써보세요.

주장: 사람들은 화를 내는 것을 좋지 않다고 생각한다. 하지만 나는 화를 내는 것이 나쁘다고 생각하지 않는다. 기쁨, 슬픔, 우울, 화남 등은 자연스런 감정의 변화일 뿐이다. 화를 낸다고 해서 그 사람이 좋지 않은 사람이라고 평가하는 것은 옳지 않다.

179 화가 날 때를 떠올려보세요.

1) 화가 날 때 나는 주로 어떤 말, 어떤 행동을 하는지 적어보세요.

2) 화가 많이 나서 후회할 만한 일을 했던 경험을 적어보세요.

3) 화를 내는 것 대신 자신의 감정을 표현할 방법은 어떤 것이 있을까요?

180 '재능 나눔'이란 자신이 가지고 있는 재능을 이용하여 다른 사람을 도와주는 것을 말합니다. 만약 나에게 '재능 나눔'의 기회가 온다면 어떤 재능 나눔을 할지 아래 질문에 따라 적어보세요.

1) 유치원 아이들을 위해 내가 할 수 있는 '재능 나눔'은 무엇이 있을지 적어보세요.

2) 위에서 적은 '재능 나눔'을 위해 필요한 준비물은 어떤 것들이 있나요?

3) '재능 나눔'을 한다고 생각하고 그 과정을 적어보세요.

181 다음 한 문장을 보고 계속해서 이어지는 내용을 육하원칙(언제, 어디서, 누가, 어떻게, 왜, 무엇을)에 따라 한 편의 짧은 상상하는 글을 적어보세요.

산책을 하고 있는데 갑자기 깡통이 내 바로 앞으로 굴러왔다. 그 깡통은…

182 신비의 다리를 건너갔습니다. 건너가니 문이 하나 있습니다. 문에는 이렇게 적혀 있었습니다. 여러분은 어떻게 할지 적어보고 그 이유를 써주세요.

경고문: 이 문을 열고 들어가면 초록색 물병이 있습니다. 그 물을 마시면 여러분은 앞으로 보는 모든 시험마다 정답이 눈에 보이게 됩니다. 눈에 보이는 정답을 적기만 하면 100점을 맞을 수 있습니다. 하지만 시험만 100점을 맞을 뿐 실제 지식은 여러분 머리에 전혀 저장되지 않습니다. 아무리 공부해도 지식이 기억되지 않습니

다. 단, 시험은 100점을 받을 수 있습니다.

183 당신은 로봇 공학자입니다.

1) 로봇을 만들어야 합니다. 어떤 로봇을 만들지 5가지 종류를 적어 보세요.

(예, 요리하는 로봇, 땅을 파는 로봇 등)

2) 위에서 적은 5가지 종류 로봇 중에서 가장 먼저 만들어야 하는 로봇은 무엇

입니까? 왜 그렇게 생각합니까?

3) 위에서 적은 5가지 종류 로봇 중에서 가장 나중에 만들어야 하는 로봇은 무

엇입니까? 왜 그렇게 생각합니까?

184 우리 학급의 문제점을 토론하는 시간입니다.

1) 우리 반의 문제점이라고 생각되는 것을 나열해서 적어보세요.

2) 우리 반의 문제점을 해결할 수 있는 방안을 생각하고 적어보세요.

185 잠시 후 대통령을 만나게 될 겁니다.

1) 대통령께 어떤 질문을 할지 5가지 적어보세요.

2) 대통령께 어떤 요청을 할지 3가지 적어보세요. (요청을 하면 법에 어기지

않는 것에 한해 대통령이 특별히 들어 준다고 약속했습니다.)

186 내가 맘속으로 좋아하는 학급 이성 친구가 이렇게 고백을 했습니다.

"난 네가 좋아. 우리 사귈래?"

1) 뭐라고 대답할 건가요?

2) 만약 사귄다고 대답했다면, 어떤 방법으로 사귈 건가요?

3) 만약 맘속으로 좋아하지만 "싫다"라고 대답한다면 왜 그런 선택을 했나요?

4) 초등학생 사춘기 학생들의 이성 교제에 대해 어떤 생각을 하고 있나요?

187 내가 신(神)이 되었다고 가정하겠습니다. 2명의 병사가 간절하게 기도했습니다. 어떤 병사의 소원을 들어줄 건지 선택하고 그 이유를 써 보세요.

A나라 병사: 신이시여. 제발 B나라를 물리쳐주소서. 우리 A나라가 승리하게 해주소서. 그렇게만 해주신다면 저는 앞으로 평생 제 수입의 절반을 가난한 사람들에게 나누어주겠습니다.

B나라 병사: 신이시여. 제발 A나라를 물리쳐주소서. 우리 B나라가 전쟁에서 승리하게 해주십시오. 그렇게만 해주신다면 저는 앞으로 3명의 고아를 제 자식으로 삼고 키우겠습니다.

188 살다 보면 힘들고 고통스러운 순간이 있습니다. 미래에 내가 힘들어하는 상황에 있다고 가정하고, 나에게 보내는 위로와 격려의 편

지를 써보세요.

189 아빠에게 바라는 점을 5가지 적어보세요.

190 나에게 별명이 생긴다면 어떤 별명이 나에게 어울릴지 적고 그 이유를 적어보세요.

다음 내용에 이어질 짧은 이야기를 상상해서 적어 보세요.

191 "아니, 우리 민정이가 오늘은 늦는 모양이구나."
늦은 밤, 엄마는 민정이를 집에서 기다리고 있다. 밤늦게까지 편의점에서 알바를 하는 민정이는 그만 실수로 돌아오는 버스에서 잠이 들어버렸다. 한참을 지나서야 잠에서 깬 민정이는 걱정하는 엄마에게 전화하려 했지만, 휴대폰을 편의점에 두고 나왔다.

192 파도가 어느새 잠잠해져 있었다. 보트에서 잠이 깬 미카엘은 주변을 둘러보았다. 주변에는 간밤에 부서진 배의 잔해물들이 떠다녔고, 아무도 보이지 않았다. 혼자만 구명보트에 살아남은 것 같았다. 이 넓은 바다에 혼자 있다는 생각이 드는 순간 미카엘은 두려

워지기 시작했다.

193 태권도 국가대표 민혜는 오늘도 새벽 일찍 운동장을 뛰고 있었다. 민혜의 꿈은 일주일 뒤 열리는 올림픽에서 금메달을 따는 것이었다. 새벽 운동을 마치고 숙소로 돌아오는데 그만 계단에서 미끄러져 넘어졌다. 발목이 약간 아팠지만, 별일 아닐 거라 여기며 그날 하루 평소처럼 열심히 훈련하였다. 다음날 발목 통증이 심해지고 부어올라 병원에 갔더니 청천벽력 같은 이야기를 들었다.

"올림픽에 출전하기 어렵습니다. 수술을 받아야 합니다. 그리고 최소 3개월은 깁스를 한 채 생활해야 합니다. 지금 대회에 출전했다가는 금이 간 뼈가 부러져 아예 운동선수 생활을 못 하게 될 수도 있습니다. 지금 수술을 하면 완쾌되고 선수 생활은 할 수 있을 겁니다."

194 아래와 같은 상황이라면 나는 공부 계획을 어떻게 세울지 적어보세요.

시험 과목 : 국어, 수학, 사회, 과학

교과서 범위 :

1) 국어 1~120쪽(6단원까지)

2) 수학 1~100쪽(5단원까지)

3) 사회 1~90쪽(3단원까지)

4) 과학 1~115쪽(5단원까지)

시험 날짜 : 10일 후

195 **만약 내가 장사를 한다면…**

1) 어떤 물건을 팔고 싶은가요?

2) 위 물건을 팔겠다고 생각한 이유는 무엇인가요?

3) 위 물건을 팔기 위해서 어떤 방법을 사용할 건가요?

4) 생각보다 내가 팔고 싶었던 물건이 잘 팔리지 않는다면, 그 물건들을 어떻게 할 건가요?

196 **책가방을 가져오세요.**

1) 가방에 어떤 물건들이 있는지 적어보세요.

2) 가방에 있는 물건 중에서 가장 소중한 물건은 무엇인지 쓰고 그 이유도 적어주세요.

3) 가방에 있는 물건 중에서 별로 필요 없는 물건은 무엇인지 쓰고 그 이유도 적어주세요.

4) 만약 가방 속 물건들이 말을 한다면, 내가 가장 소중하다고 생각했던 물건은

나에게 어떤 말을 해주었을지 상상해서 적어보세요.

5) 만약 가방 속 물건들이 말을 한다면, 별로 필요 없다고 생각한 그 물건은 내게 어떤 말을 했을지 상상해서 적어보세요.

197 상상 글쓰기

1) 내가 가장 키우고 싶은 동물을 쓰세요.

2) 내가 가장 키우고 싶지 않은 동물을 쓰세요.

3) 내가 가장 키우고 싶은 동물과 가장 키우고 싶지 않은 동물을 등장시켜 짧은 이야기를 만들어보세요. (단, 두 동물을 서로 친한 친구라고 설정해야 합니다.)

198 우리나라 애국가를 여러분이 바꾼다면 어떻게 바꿔 부를지 적어보세요.

199 여러분이 교장 선생님이 된다면, 전교생 조회 시간에 학생들에게 어떤 말을 해줄지 교장 선생님 훈화 말씀을 적어보세요.

200 내가 100살이 되었다고 상상해보세요. 그리고 100번째 생일을 맞았습니다. 생일잔치에 많은 사람을 초대했습니다. 그 생일잔치에

초대받은 한 사람이 아래와 같이 물었습니다. 이 물음에 어떻게 대답할지 상상해서 적어보세요.

"100세가 되신 것을 축하드립니다. 지금까지 살아오신 삶에 대해서 한 말씀 해주세요."